반하게 하라

반하게 하라

문상진 · 서범석 지음

해빛

감사의 글

　세일즈란 어떤 것인지 전혀 모르고 무작정 뛰어들어 헤쳐나가고 깨지고 웃었고 울었던 순간 순간들을 통해 가장 많이 배우고 얻은 사람은 바로 나 자신인 듯하다.
　헤아릴 수 없는 만남과 만남을 통해 인연을 맺은 수많은 나의 고객 한 분 한 분께 진심으로 감사함을 전한다. 이제야 세일즈 10년차인데 최소한 20년은 한 우물을 파야 무엇이든 자신 있게 말할 수 있지 않을까 생각한다. 그래서 이제부터가 새로운 시작이라 여긴다. 묵묵히 한 자리를 지키고 있겠다고 약속드리고 싶다. 많은 시간이 흐른 후 언젠가 나를 찾게 될 모든 고객분들을 위하여…….
　올해 여름날 책 한번 내시죠, 란 권유를 받고 "에이, 무슨 책……. 책은 아무나 내나……." 했다. 언젠가 기회가 닿는다면 한 번쯤 써보리란 마음은 있었지만 이리 빨리 제안을 받고 결과물이 나오리라곤 생각해보지 못했다. 물론 처음엔 무척이나 망설여졌다. '내가 책을 내어놓을 수 있는 자격이 될까?' '그만한 시간을 투자할 수 있을까?' 내 스스로가 의문스러웠다. 그런 나에게 용기를 주고 실행에 옮기게끔 도와주신 북매니저 서진 님, 가족처럼 지내는 내 파트너 서범석 님, 두 분 모두에게 진심으로 감사함을 전한다.

9년 전 대기업체에서 나름대로의 역할을 충실히 해오던 내가 어느 날 갑자기 세일즈의 세계에 뛰어들겠다고 했을 때 전혀 놀란 기색 하나 없이 "난 당신을 믿으니 뜻한 대로 해봐요."라며 용기를 준 아내 이지영, 언제나 내 삶에 가장 큰 모티브를 던져주는 사랑하는 아들 명준, 그리고 조용히 응원해주는 가족, 직장 내 동료들, 특히 MDRT 멤버 모든 분들께 고마움을 표한다.

마지막으로 오랜 시간 병환으로 투병중인 아버님, 아마도 이 책을 받아 들고 가장 기뻐하셨을, 지금은 곁에 계시지 않은 나의 어머님, 두 분 모두 정말 사랑한다.

2009년 1월
문상진

감사의 글

이 책을 준비하면서 많은 책을 다시 읽게 되었고, 글을 읽으면서 보다 많은 지식을 다시 쌓는 계기를 갖게 되었다. 무엇인가 준비하기 위해서는 많은 시간과 노력이 들어가야 한다는 사실도 새삼 깨닫게 되었다. 이것은 향후 내 세일즈 경력에 많은 밑거름으로 작용할 것이고 이를 통해 더 많은 성장을 할 수 있을 것이라고 생각한다.

처음 글을 쓰자고 제의를 받으면서 과연 내가 글을 쓸 자격이 되는가에 대한 고민을 많이 하였다. 그래서 이렇게 생각하기로 했다.

"그냥 내가 하고 싶은 이야기를 하자."

내가 세일즈에 입문하면서 배운 교본도 외국 것이고, 현재까지 읽은 책 중에도 외국 저자가 쓴 책이 압도적으로 많은 것이 세일즈 분야의 현실이다. 하지만 세일즈 실용서를 만들고자 하면서 국내 저자가 한번 되어보자는 생각을 하던 차에 기회를 얻게 되었다.

책은 그 글을 쓴 사람의 분신과도 같다고 생각한다. 하지만 글을 쓴

다는 것은 또 다른 경험을 주는 것 같다. 머릿속에 잔존해 있는 많은 찌꺼기를 하나 하나 연결하여 아주 훌륭한 장신구를 만드는 것이 진정 어렵다는 것을 이제는 알게 되었다. 그것이 세상에 나온다는 것이 얼마나 두렵고, 견디기 힘들 수 있는 일인지 조금씩 느껴지는 듯싶다.

주변에 이야기하지 않고 쓰게 된 글이 부디 세일즈를 업으로 삼고 살아가는 사람들에게 다시 한 번 신발끈을 동여맬 수 있는 동기가 되었으면 바랄 것이 없고, 살다가 지칠 때 한번쯤 꺼내보는 손때 탈 수 있는 책이기를 기대해본다.

이 책이 나올 수 있도록 모든 것을 쏟아준 북매니저 서진 님에게 고마움을 전하며, 저녁 늦게 또는 휴일에도 가족에게 시간을 주지 못함을 묵묵히 넘겨준 아내 강호경, 아빠의 책이 언제 나올지 노심초사 기다린 두 딸 서유영, 서규진에게 미안한 마음을 담아 진심으로 감사하다는 말을 전하고 싶다.

책을 쓰는 과정에서 가장 많은 의견을 교환하고 가족같이 생활한 파트너 문상진 님에게 존경과 감사함을 간직하고 살겠다는 말씀을 드리고 싶다. 또한 세상에 쓸모 있는 사람으로 낳아주신 두 분 부모님께 자식으로서 제대로 해드리지 못하면서 받기만 하는 존재로 폐 끼침을 다시 한 번 사과드리며, 존경과 감사를 보낸다.

2009년 새해를 맞으며
서범석

● 추천사

김방희
생활경제연구소장, KBS 1라디오 〈성공예감, 김방희입니다〉 진행자

무엇인가를 팔기가 점점 더 어려워지는 요즘, 무엇보다도 먼저 고객이 자신과 상품에 반하도록 하는 것이 중요하다.

그리고 이 책은 그에 관해 가장 잘 정리된 매뉴얼이다.

1990년대 초반의 일이다. 우연찮게 미국 생명보험 업계의 꿈의 리그인 '백만달러원탁회의(MDRT)'에 대해 듣게 됐다. 소수지만 우리나라 회원들도 몇 된다는 것 또한 알게 됐다.

호기심이 생겼다. 보험 세일즈 달인들의 세계는 어떨까? 그들은 어떻게 고객의 마음을 사로잡을까? 취재가 아니더라도 답을 꼭 듣고 싶었다. 그렇게 해서 내 인생에서 내공을 1단쯤은 더 쌓고 싶었다. 그래서 당시 한 손가락으로 꼽을 국제 회원들을 일일이 다 찾아다녔다.

각자의 상황이나 노하우는 달랐지만, 세일즈의 핵심은 한결같았다. 고객들로 하여금 세일즈맨에게 '반하게 하라'는 것이었다. 그 얘기를 듣고 의식적으로 사람들을 대하는 태도를 바꿨던 기억이 지금도 선명

하다.

그후 우리나라 보험 세일즈 시장은 급변했다. 외국 보험사들의 진입으로 경쟁은 더 치열해졌다. 고급 인력들이 뛰어들었다. 스타급 세일즈맨들도 엄청나게 늘어났다. 2000년에는 MDRT 한국협회도 공식 출범했다. 보험 외의 다른 분야도 마찬가지다.

무엇보다도 세일즈 시장 전체가 급격히 팽창했고, 세일즈 인력은 점점 더 전문화되고 있다. 15년 전의 호기심은 여전한데, 당시처럼 모두 만나기는 어렵게 됐다. 세일즈 스타들이 이제는 도저히 손가락으로 꼽을 수 없을 만큼 늘어난 탓이다.

그러던 차에 푸르덴셜생명 MDRT 회장인 문상진 씨와 한국 MDRT 협회 운영위원인 서범석 씨가 이들의 노하우를 집대성한 책을 낸다는 소식을 들었다. 제목도 당시 내가 내렸던 결론인 '반하게 하라'.

반갑고 고마운 마음에 책을 들여다봤다. 15년 전 내가 막연하게 내렸던 결론에 대한 각론이 고스란히 들어 있었다. 무엇을 가지고, 어떻게 고객이 반하도록 할 것인가? 이 질문에 대한 일종의 매뉴얼에 해당하는 책이었다. 세일즈맨을 겨냥한 책이지만, 꼭 세일즈맨이 아니더라도 뭔가를 성사시키고자 하는 사람들에게 필수적인 책이었다.

누군가에게 자신을 파는 것이 점점 더 어려워지는 요즘,《반하게 하라》는 12년 동안 기네스북 판매 기록을 갖고 있던 영원한 판매왕 조 지라드의 말을 떠올리게 한다.

"1%의 가능성에서도 인생의 성공을 본다."

● 추천사

> **황우진**
> 푸르덴셜생명 대표이사

지난 9년 동안 한국 푸르덴셜 생명보험에서 모범적이고 헌신적으로 일하며, 회사와 동료들에게 커다란 힘이 되어주신 문상진 Executive 라이프플래너와 서범석 Consulting 라이프플래너의 책에 대한 추천 글을 보내게 되어 기쁩니다.

저는 늘 우리 라이프플래너의 성공적인 경험들이 주변 동료들에게 나누어지는 기회가 많이 있을 것이라 상상해왔습니다. 그러한 경험은 새로이 세일즈를 시작하여 어려워하거나 방황하는 이들에게 나침반이 되어줄 것이며, 또한 세일즈와 관계 없는 사람들에게도 꿈을 이룰 수 있도록 도와주고, 감동적인 삶의 표본을 보여줄 수 있다 기대해왔습니다.

두 분의 글은 처음 세일즈를 시작하는 사람들이 무엇을 어떻게 해야 하는지, 성공적으로 세일즈 비즈니스를 하기 위해서는 어떤 가치관과 태도를 가져야 하는지, 성공한 세일즈맨은 이 세상에 어떤 나눔과 배려를 생각해야 하는지에 대해 제가 많은 것들을 다시 한 번 생각해볼 수 있도록 해주었습니다.

특히, 매일매일 만나는 한 분 한 분의 고객들을 어떤 마음과 자세로 만나고 관계를 맺어가야 하는가에 대한 여러 이야기들, 특히 '돈을 벌기 위해 고객을 만나는 것이 아니라 고객의 삶을 도와주기 위해 힘들고 어렵더라도 용기 내어 고객을 만나야 한다'는 문구는 제가 푸르덴셜 생명보험회사에 근무하며 생각해왔던 바로 그 생각이었습니다. 푸르덴셜의 라이프플래너가 자랑스럽게 느껴지는 순간이었습니다.

많은 분들이 이 책을 읽으며 새로운 용기와 꿈을 만들어가실 듯합니다.

이 책을 통해서 대한민국에서 생명보험 세일즈를 하고 계신 모든 분들이 고객으로부터 좀 더 신뢰를 얻게 되었으면 합니다. 또한 다른 분야에서 활동하고 있는 모든 영업인들에게도 좋은 본보기가 되리라 생각합니다. 어떤 분야에서든 자신의 직업에 대한 높은 사명감과 자부심을 갖고 고객에게 정직하고 성실하게 다가간다면 진정한 프로페셔널이 될 수 있다는 것을 이 책에서는 너무나도 선명하게 보여주고 있습니다.

앞으로 두 분의 나아가시는 길이 더 성공적이길 기원합니다. 또한 이를 통해 푸르덴셜 생명보험에, 그리고 더 나아가 우리 사회를 아름답고 건강하게 만드는 데 큰 족적을 남겨주실 것을 기대해봅니다.

● 추천사

> **우재룡**
> 경영학박사, 국제재무설계사 CFP, 동양종합금융증권 자산관리컨설팅연구소 소장,
> 前 한국펀드평가 대표이사

나는 한때 최고의 세일즈맨들을 별로 좋아하지 않은 때가 있었다.

수많은 고객들을 어떻게 일일이 서비스할 수 있겠는가 하는 회의감에서 그런 생각을 했다. 하지만 금융시장에 20년 넘게 일하면서, 특히 재무설계사(FP)나 프라이빗뱅커(PB)와 같은 금융 컨설턴트들을 만나고 교육시키면서 서서히 생각이 달라지기 시작했다.

역시 성공한 금융 컨설턴트들은 무서운 집념과 확실한 자기관리 태도를 가지고 있었다.

스스로 동기 부여를 할 줄 알며, 누구보다도 앞서서 변화하면서 자신의 한계를 깨나가고 있는 사람들이었다.

이제는 내가 국제재무설계사(CFP)를 한국에 보급하고, 한국 MDRT 협회의 강연을 하면서 만난 한국 최고의 금융 컨설턴트들로부터 멋있는 인생을 배우고 있다.

물론 실력보다는 편법을 사용하면서 반짝 빛났다가 사라지는 금융

컨설턴트들도 많이 지켜보기도 했다.

  결국 성공하는 금융 컨설턴트란 이 책의 본문에서도 말하듯이 고객을 만족시키기 위해 열정과 용기를 가지고 끊임없이 노력하면서도 고객을 보호하기 위해 최선을 다하는 태도를 가진 프로들이다.

  이 책을 저술한 문상진 씨와 서범석 씨는 10년간 최고의 컨설팅 경력을 가진 멋진 사람들이다. 나는 하워드 가드너가 《열정과 기질》이라는 책에서 말한 '10년 주기론'이라는 말을 좋아한다.

  성공하는 세일즈맨들은 대부분 10년 주기론을 따르는 것 같다. 즉 10년간의 준비 기간을 거쳐 세일즈맨 활동이 성숙되고, 다음 10년간 세일즈맨 활동이 창조적으로 변모하며, 마지막 10년 동안 그 창조성을 다른 분야로 확산시킨다는 말이다.

  이 책의 저자들은 지난 10년간 성공한 프로 세일즈맨으로서의 자기 노하우를 이제야 차분하게 밝히고 있다. 책의 내용을 읽어보다 보면 문장 솜씨가 보통이 넘는 힘 있는 글로 가득 차 있다는 사실을 알 수 있다. 성공한 프로 세일즈맨의 마음에서 우러나는 열정적인 글을 마치 말하듯이 쓰고 있기 때문이다.

  우리 사회는 세계 최고의 고령화 시대를 헤쳐나가기 위해 많은 금융 컨설턴트들을 필요로 한다. 이 책을 읽는 많은 금융 컨설턴트들이 저자들처럼 고객에게 인정을 받는 최고가 되길 바란다.

● 추천사

원승현

한국 MDRT 회장

'반하게 하라'는 책제목을 처음 접했을 때부터 그간 보험권에 출간된 수많은 세일즈 서적과는 뭔가 다른 듯한 느낌을 받았다. 이 책은 필자들의 지난 10년여간의 푸르덴셜생명 라이프플래너 활동 기간 중 겪었던 생생한 현장 경험과 쓰라린 실패담을 고스란히 담고 있다. 시중에 성공 스토리는 넘쳐나지만 정말 처절한 실패 경험담을 담고 있는 책은 많지 않다.

보험 세일즈는 세일즈의 꽃이라고 불리는 만큼 만만치는 않은 직업이다. 수많은 사람들이 보험 영업에 도전하지만 5년 이상 한 회사에서 롱런하는 경우는 많지 않은 것도 현실이다.

이 책을 통해서 우리는 도전하는 인생 자체가 아름다움을 느끼게 된다.

아흔아홉 고개를 하루에 네 번이나 넘으면서도 고객에게 진정한 보장을 제대로 전달하기 위한 필자의 노력에 절로 감탄을 하게 된다.

《반하게 하라》를 통해 많은 보험업계 에이전트들뿐만 아니라 다른 세일즈 분야에 종사하고 있는 많은 독자들에게 힘과 용기를, 또 시련과 고통 속에 있는 분들에게 희망의 메시지가 되기를 진정 바란다.

필자들은 한국 MDRT 협회에서 수년간 운영위원으로 봉사하고 있으며, 영업 활동과 병행하여 MDRT의 근본 이념인 나눔과 봉사, 동료와의 공유를 몸소 실천하고 있는 분들이고 리더로서 많은 후배들을 이끌고 있다.

영업 활동 기간 중 시간을 쪼개어 진솔한 스토리를 담아낸 필자들의 노력에 박수를 보내고 싶고 이 책을 통해 한국 보험시장에 실패를 딛고 성공을 향해 달려가는 많은 보험인들의 모습을 그려본다.

● 추천사

정명원
푸르덴셜생명 영업본부장

우리는 일반적으로 sales에 대해 부정적 이미지를 갖고 있습니다. 한편 적지만 긍정적 이미지를 갖고 있는 분들도 있습니다.

지난 십수년 동안 sales 분야의 하나인 보험업 부문에서 sales에 성공하신 분들을 보아왔으며 반대로 실패하는 분들도 보아왔습니다. 과연 그 성공과 실패를 구분 짓는 그 요소가 무엇일까요?

무수히 많은 요소가 존재합니다. 저자들은 이 책에서 많은 요소들에 대해 풍부한 성공과 실패의 경험을 통해 설명합니다. 그러면서도 salesman 자신의 자신이 판매하는 제품과 제공하려는 서비스가 이 사회에 얼마나 공헌하느냐 하는 확신과 salesman 자신의 인격, 태도 그리고 성실성 등이 가장 핵심적 요소라고 강조하고 있습니다.

이 책을 읽어 나가면서 점점 발견하게 되는 것은 이 책이 단순히 성공과 실패의 구분 요소들보다는 sales라는 직업적 고귀성에 대한 저자들의 확신을 표현하고 있다는 것입니다.

매 순간 만나는 사람들에게 영향력 있는 영감을 줌으로써 그들의 삶을 되돌아볼 수 있게 했다는 공통점을 발견할 수 있었습니다.

그것은 그들의 마음속에 sales를 단순한 job이 아닌 천직, 즉 calling으로 받아들이고 있다는 증거이기도 합니다.

저는 이들과 몇 가지 프로젝트를 같이 진행하였습니다.

매 순간 그들이 보여준 sales를 통한 사회적 사명감에 대한 열정은 저에게 많은 영감을 주었습니다. 그것은 분명 저에게는 행운이었습니다.

이 책이 한국 사회에서의 sales라는 직업과 문화를 크게 성장시키는 밑거름이 되리라 확신합니다.

CONTENTS

- 감사의 글   4
- 추천사   8

거울 속 내 모습에 반하게 하라 – 자신감의 법칙

1_ 가지 않는 길   24
- 성공한 사람은 실패한 사람들의 특징을 갖지 않는다

2_ 세일즈맨의 비애   29
- 세일즈맨은 무대 위에서 춤추는 광대, 탤런트

3_ 구애(求愛)   33
- 세일즈 기술은 연애 기술과 일맥상통하는 것!

4_ 시간의 자유   37
- 정해진 일과는 없다, 우리가 만들어갈 뿐!

5_ 스스로를 아름답게 만드는 것   45
- 진정한 안정은 일 속에서 이루어진다

6_ 신언서판(身言書判)   48
- 세일즈 성공의 네 가지 조건

7_ 언어유희   53
- yes와 but의 차이를 명확히 이해하라

8_ 이기고 지는 게임   55
- 고객과의 논리적 싸움을 삼가라

9_ 세상을 보는 눈   59
- 트렌드에 주목해야 하는 이유

10_ 변화는 생존이다   63
- 익숙한 것들과의 이별

관계에 반하게 하라 - 사람을 향한 열정

1_ 관계의 마술   70
  • 이름 속에 담겨 있는 놀라운 비밀

2_ 손톱 청소   73
  • 때로는 싫은 소리가 약이 된다

3_ "때가 되었습니다."   77
  • 씨앗을 뿌리고 그것을 거두어들이기까지

4_ 새벽 2시에도 만날 수 있나요?   82
  • 어느 기자와의 만남

5_ 퀵 배달된 명함   85
  • 세심하게 고객을 위하는 방법

6_ 허브(hub)   88
  • 우리는 인연을 맺어주는 사람이다

7_ 앵벌이   95
  • 깁스를 하고 세일즈하던 나의 3개월 고군분투기

8_ 뜻하지 않은 휴가   98
  • 특별한 장소에서의 귀한 만남

9_ 아이모나디아   102
  • 정말 도울 수 있다는 확신의 힘

10_ The Best Habit   106
  • 꾸준함이 가진 힘

11_ 산타클로스   110
  • 고객에게 즐거움을 선사하라

끈기에 반하게 하라 - 상처 속에 피는 희망

1_ 동행   114
  • 절박함의 미학

2_ 아플수록 성숙해지는 사람들　　　　　　118
- 잃어버린 7년

3_ 서러움　　　　　　　　　　　　　　　　121
- 먹고 살기 힘드세요?

4_ 타협과 절망　　　　　　　　　　　　　　125
- 시간과의 싸움

5_ 포기하고 싶은 순간의 기록　　　　　　　130
- 아흔아홉 고개를 넘은 이야기

6_ 추운 겨울 아파트 복도에서 기다린 두 시간　134
- 오늘이 마지막인 것처럼

7_ 길게 보기　　　　　　　　　　　　　　　138
- 세일즈는 한 인생을 걸고 해야 하는 평생의 직업이다

8_ 인간의 모든 행동은 세일즈다　　　　　　142
- 내 주위의 모든 곳에서 구하라

9_ 마음에 심어두어야 할 몇 가지 이야기　　144
- 우리에게 꼭 필요한 세일즈 팁

10_ 당신에게 필요하다고 말하라　　　　　　147
- 세일즈에서 구매 요청 행위의 필요성

 **전문지식으로 반하게 하라** - 프로페셔널의 매력

1_ 자신의 가치만큼 자신에게 투자하라　　　152
- 세일즈맨이 갖고 있어야 할 지식의 양은 얼마일까

2_ 전문지식으로 무장하기　　　　　　　　　156
- 고객은 똑똑하다, 고객보다 더 똑똑해져라

3_ 평범함으로 승부할 수 없는 직업　　　　　159
- 세일즈맨이여, 실력을 키워라

4_ 세일즈맨은 평생 교육을 받아야 한다　　　164
- 세상은 끊임없이 변화한다, 그 변화를 따라가라

5_ 당신은 프로 몇 단입니까?　169
- 세일즈의 세계에서 프로가 되는 법

6_ 우리의 방향감각　173
- Keep it simple and keep it smile

7_ 내가 파는 상품을 완전히 이해하라　176
- 혼다 자동차의 세일즈 기법 엿보기

8_ 당신만의 골든 매뉴얼을 만들어라　180
- 목표 세우기

Chapter 5 솔직함으로 반하게 하라 - Peace of Mind

1_ 스치는 인연 붙잡기　192
- 어느 날 밤 택시 기사를 고객으로 만들기까지

2_ 세일즈맨은 말하는 사람이 아닌 들어주는 사람　196
- 고객을 이해하라, 끝까지 이해하라

3_ 세일즈맨이 들어야 할 최고의 말　200
- "알아서 해주세요."

4_ 돈을 좇으면 고객은 알아본다　204
- 진실성이 빠진 세일즈는 새드 엔딩(sad ending)이다.

5_ 나의 신념을 전달하는 방법　210
- 고객을 위해 물건을 팔아라

Chapter 6 힘내요, 조금만 더……

1_ 매니저에게 고하는 몇 가지 조언　214
- 진정한 세일즈맨으로 키워라

2_ 세일즈맨 자신이 자신에게 주는 선물　216
- 우리에게는 칭찬이 필요하다

3_ 스스로의 감정을 치유하는 의사가 되라　　　220
- 세일즈는 거절을 먹고 사는 직업이다

4_ 추락이 두렵나요?　　　223
- 바닥에 닿아야 치고 올라올 수 있다

5_ 떠나지 마세요　　　227
- 실적이 저조한 세일즈맨에게 드리는 말

6_ 세일즈맨이라면 돌아봐야 하는 몇 가지　　　230
- Self Check Point for Salesman

7_ 스테이 헝그리(Stay Hungry)　　　232
- 한결같은 세일즈, 오래가는 세일즈맨

Chapter 7　이상을 꿈꾸다

1_ 세상에 하나밖에 없는 여우 되기　　　236
- 고객과의 관계 유지가 세일즈의 또 다른 시작이다

2_ 이 세상에서 가장 매력적인 직업　　　240
- 세일즈에는 삶이 담겨 있다

3_ 세일즈맨은 오너다　　　245
- 세일즈맨 스스로 정체성 찾기

4_ 세일즈 장인(匠人)의 길　　　250
- 우리의 가치는 우리가 만든다

5_ 넥타이를 맨 학생들　　　255
- 살아 있는 코칭 스쿨

6_ 자유!　　　258
- 세일즈맨이 가지는 가장 큰 재산은 자유다

- 맺음말　　　262

Chapter 1 거울 속 내 모습에 반하게 하라
- 자신감의 법칙

세일즈세계
제 ❶ 의 법칙

1
가지 않는 길
• 성공한 사람은 실패한 사람들의 특징을 갖지 않는다

"화려한 성공 뒤에는 반드시 화려하지 않은 준비가 있었다."
- 지그 지글러

진짜 프로는 항상 자신이 프로라고 생각하고 있는 사람이다. 프로가 되겠다고 마음먹는 순간부터 달라진 인생을 살게 된다.

스티븐 코비 박사가 쓴 《성공하는 사람들의 7가지 습관》이라는 책에는 개인의 승리를 위하여 자신의 삶을 주도하고, 끝을 생각하며 시작하고, 소중한 것을 먼저 하고, 대인관계에서의 승리를 위해 윈윈(win-win)을 생각하며, 먼저 이해하고 다음에 이해시키고, 시너지를 내도록 습관화하는 것을 기본적인 여섯 가지 습관으로 정의한다. 그리고 마지막으로 일곱 번째는 끊임없는 자기 쇄신의 습관으로, 이로써 기본적인 여섯 가지의 습관이 더욱 빛을 발하도록 하라고 역설하고 있다.

세일즈의 세계뿐만 아니라 다른 분야에서도 성공하는 사람들은 대개 자신들이 평범하다고 말한다.

그렇다면 그들은 무엇이 다른 것일까?

그들은 평범한 사람들이지만, 평범해지지 않으려고, 자신이 했던 실패를 다시는 하지 않기 위해, 실패하는 사람들이 갖는 공통점을 발견하여 그것을 하지 않으려 노력한 데서 그 다름을 발견할 수 있다.

이는 습관의 차이라고 말할 수도 있으며, 이 습관을 키우는 데 많은 고통이 따른다는 것 또한 너무나 잘 알려진 사실이다.

운동선수들에게 이러한 원칙은 더욱 잘 적용된다.

오랜 시간 동안 자신의 나이를 잊은 듯 성공가도를 달리는 프로 선수들을 보면, 주변에서 하는 말들이 대개 "그 사람은 자기관리가 철저하다."라는 것이다. 그가 그럴 수 있는 것은, 주변에서 많은 동료 선수들을 보면서 오랫동안 운동을 지속하지 못하는 상황을 자주 접하고, 이를 통해 자기 자신을 얼마나 잘 컨트롤해야 하는지에 대한 것을 본능적으로 깨닫게 되었기 때문이다.

일반적으로 사람들이 처음 사회생활을 시작한 후, 환경이 변화하면서 자기 자신을 이전의 직업에서 영역이 다른 세계로 전환하려고 할 때 가장 많이 시도하는 것이 바로 자신의 기득권을 포기하는 단계이다.

간단하게 예를 든다면, 주먹을 쥐고 있는 손을 펴지 않으면 무엇인가 다른 것을 잡지 못하게 되기에 항상 버리는 연습을 해야 한다든가, 또는 물 컵에 물이 가득 들어 있는데 이 가득 들은 물을 어디엔가 버리지 않으면 다른 것을 채우지 못하는 것이다.

성공하는 사람은 버리는 연습을 잘하는 사람이고, 실패를 많이 경험하는 사람은 움켜쥐려는 노력을 더 많이 하는 사람이다. 성공하는 사람들은 변화에 민감하고 긍정적으로 모든 것을 수용하는 데 아주 잘 훈련이 되었다고 할 수 있다.

내가 세일즈 초기에 가장 많이 한 것이 과거의 나를 버리는 연습이었다.

어차피 과거에 나는 세일즈맨이 아니었기에 세일즈를 시작하는 것은 인생을 새로 사는 것과 마찬가지였다. 세일즈의 시작은 과거 샐러리맨 신분을 뒤로 하고 독립적인 개인 사업을 하는, 직장인에서 직업인으로 신분이 변화하는 것이었기에, 나는 모든 것이 새로웠다.

사람들이 가장 하기 싫어하는 것 중 하나가 기득권을 포기하는 것이고, 또 하나가 벌써 습관이 된 생활의 태도를 하루아침에 바꾸는 것이다.

육체적인 고통이 따르고, 새로운 것을 습관화하는 데 오랜 시간 투자하지 않을 경우 요요 현상과 같이 원래대로 돌아가고자 하는 관성이 자신의 육체를 지배하기 때문이다.

습관을 바꾸는 데 걸리는 시간이 최소 2년이라고 한다. 그렇다면 얼마나 많은 노력이 필요할지 상상할 수 있을 것이다.

일찍 일어나야 하고, 항상 정해진 시간에 정량적으로 세일즈 활동을 해야 한다. 지식을 늘리는 것을 게을리하지 말아야 하며, 때로는 가족과의 시간을 희생해야 할 때도 있다. 또 고객과의 상담 과정을 매뉴얼화해서 자신의 것으로 만들어야 하는 등, 하려고만 한다면 이루 말로 다 할 수 없을 정도의 많은 일을 해나가야 한다.

이는 주어진 업무에만 충실했던 과거의 나에게 전혀 다른 세상으로의 도전이었고, 이 도전에 뒤따라오는 모든 행동의 방식들은 그에 걸맞게 육체적인 고통을 동반하였다.

바로 지금부터 사고의 틀을 바꾸는 노력을 한다면 여러분은 성공하는 프로 세일즈맨이 될 수 있다.

무엇인가 선택하고 결정해야 할 때, 내 안에는 '해야 한다'와 '하지 않아도 된다'라는 두 개의 길잡이가 존재하게 된다. 그 중 '반드시 해야 한다'를 선택할 때, 순간의 편함을 돌아서 조금은 불편하고 힘든 길을 가더라도 그 길이 세일즈의 세계에서 성공할 수 있는 방향을 제시해줄 것이다.

프로 10훈

1. 프로란 일에 생명을 거는 사람이다.
2. 프로란 불가능을 가능케 하는 사람이다.
3. 프로란 자신의 일에 긍지를 갖는 사람이다.
4. 프로란 미래를 읽고 일을 하는 사람이다.
5. 프로란 시간보다 목표를 중심으로 일하는 사람이다.
6. 프로란 높은 목표를 향해 매진하는 사람이다.

7. 프로란 성과에 책임을 지는 사람이다.

8. 프로란 보수가 성과에 의해 결정되는 사람이다.

9. 프로란 눈앞의 편함보다 미래를 위해 고통을 감수하는 사람이다.

10. 프로란 능력 향상을 위해 항상 노력하는 사람이다.

2 세일즈맨의 비애
• 세일즈맨은 무대 위에서 춤추는 광대, 탤런트

"사람이든 물건이든 그 자체로 독립적으로 생겨나 지속되는 것은 없다. 이것은 저것에 의존하며 하나의 것은 일어나고 지속되기 위해 또 다른 것에 의존해야 한다."
- 틱 낫 한

때로는 '사람 중개인', 때로는 '모르는 게 없는 사람', 때로는 '뭐든지 도와줄 수 있을 것 같은 사람'이 바로 세일즈맨이다.

여기에는 근본적으로 사람과의 관계를 맺고 사는 세일즈의 특성이 그대로 투영된다.

다양한 직업을 가진 사람들과 고객으로 인연을 맺고 있는 사람이 바로 세일즈맨이므로, 이들은 고객이 필요로 하는 적재적소에 자신의 고객들이 가진 영향력을 발휘할 수 있게 해준다. 이것이 가능하려면 평상시 고객과의 관계가 좋아야 함은 물론이다.

2006년 가을, 장인어른께서 폐암으로 돌아가시기 전, 병원에서 투병을 하시는 시간이 몇 개월 이어졌다. 이 기간에도 나는 영업을 중단하면서 병원에만 있을 수 없었다. 나는 매일매일 고객과의 약속을 지키려고 무던히도 애썼다.

고객은 나의 사정을 알지 못한다. 그리고 자신들이 받아야 할 서비스를 받고 싶어한다. 나의 사정이 고객과의 약속을 미루거나 지키지 못하는 이유가 되지는 않는다.

이때 깊이 느낀 것이 세일즈맨은 참 냉정해야 한다는 사실이었다. 세일즈맨은 아프고 싶어도 마음대로 아파서도 안 되는 직업이다. 왜냐하면 아픈 상태로 고객을 만날 수는 없기 때문이다. 이러한 이유로 지금도 가장 싫어하는 병이 바로 감기 몸살이다. 다른 사람에게 전염시킬 수 있는 병은 우리에게는 기피 대상 1호다. 하지만 깁스를 하고서도 일할 수 있다면, 그건 그래도 낫다.

가슴속 깊이 힘들고 지치고 내색할 수 없는 슬픔을 품고 있더라도 무대 위에서는 웃고 춤춰야 하는 광대와도 같은 삶이 세일즈맨의 인생이다.

성공한 세일즈맨들의 공통점은 항상 침착함과 냉정함을 잃지 않고 고객과 상담하는 것이 일상화되어 있다는 점이다. 사람은 자신의 자존심이 살아 있음을 외부로 표출하고, 얼굴에 그대로 드러내는 것이 보통이다. 그러나 그 표정을 살피면서 고객과 상담하는 것이 일상이 된 세일즈맨은 시간이 흐르면서 자연스럽게 자신의 감정을 고객에게 들키지 않기 위해서 포커 페이스를 유지하는 방법들을 배운다.

물론 경험으로 배우는 것이 가장 크다. 이것을 잘 습관화시키고 비로소 자신의 태도를 변화시킬 때 세일즈에서도 좋은 결과가 나타나기 시작한다.

하루하루 세일즈맨이 만나는 사람들은 매우 많다. 매일 같은 이야기를 반복하고 같은 프로세스대로 일을 하면서, 이를 침착하게 받아들이지 않는다면 시간이 지나 오후가 되면서 얼굴에는 지친 기색이 보일 것이고, 나를 처음 보는 고객은 당연히 좋은 첫인상을 갖지 못해 불쾌하게 생각할 것이다. 나는 많은 고객을 만나지만, 고객들은 언제나 나를 처음 만난다는 사실을 항상 기억해야 한다.

그렇기에 세일즈맨은 광대여야 한다. 광대는 매일 같은 시간 똑같은 공연을 한다. 똑같은 대사를 외우고, 춤추고, 연기한다. 그럴 때마다 느끼는 감정은 새롭지만 보이는 모습은 흔들림 없이 같아야 한다. 철저하게 단련된 프로라면 자신의 감정을 컨트롤할 수 있는 냉정함을 잃지 않으며, 이를 통해 관계를 형성하는 과정이 항상 일정하다.

이것은 세일즈 과정에서도 잘 나타난다.

흔히 세일즈에서 자존심은 가장 먼저 버려야 할 항목으로 일컬어진다. 이는 자동차를 판매할 때든, 의류를 판매할 때든, 그리고 다른 모든 분야에 걸쳐 적용되는 것이다.

세일즈 과정을 깊이 들여다보면 결국은 고객과의 심리적인 줄다리기를 누가 잘하느냐의 문제로 귀결된다. 그런데 거기에 세일즈맨의 감정이 개입되면 내가 하고자 하는 의도를 곧잘 잊어버리게 된다. 그 이후에는 고객의 반응과 말을 상대하는 과정에서 흔히 감정을 상하고 자존심에 상처를 입는데, 이것이 드러날 때 고객과 논쟁이 시작되는 것이다. 그러면 세일즈는 실패로 돌아간다.

어떤 때에는 차라리 탈을 쓰고 상담을 하고 싶은 때도 있다. 내 표정이 탈의 표정으로 고정되는 순간, 탈 속에서는 자유롭게 짓고 싶은 표정을 지어도 될 것이기 때문이다.

스스로 세일즈의 세계에서 살아남고 싶은 생각이 간절하다면 반드시 세일즈를 하는 나와, 내 속에 있는 세일즈를 하지 않는 나―가장, 아빠, 아들, 딸, 사위, 며느리로서의 가정에서의 나―를 발견할 수 있어야 한다. 그리고 균형을 유지할 수 있는 능력 또한 열심히 연습해서 배워야 함을 잊지 말아야 한다.

세일즈의 세상에서 태생부터 잘하는 사람은 없다. 그 모든 성공적 결과들은 철저하게 훈련되고 가꾸어져서 만들어진 모델들이지, 처음부터 모든 것을 잘하는 사람은 없다.

모두 평범함에서 비범함을 갖게 된 것이다. 평범함 속에서 비범함을 찾아가는 과정을 게을리하지 않는다면 우리도 성공에 조금 더 가까이 갈 수 있지 않을까?

3

구애 求愛

• 세일즈 기술은 연애 기술과 일맥상통하는 것!

세일즈는 사랑하는 사람을 따라 그가 내 생애 가장 귀한 존재이기에 그를 내 배우자로 맞이하는 구애와도 같은 과정을 걷는 것이다.

결혼한 사람이라면 누구나 한 번쯤 프러포즈를 하거나 받아보았을 것이다.

별로 감동 없이 프러포즈를 받은 사람, 멋있는 이벤트를 경험하며 받아본 사람, 운명 같은 사랑을 한 후 우여곡절을 겪으며 프러포즈를 받은 사람 등 다양하다.

세일즈를 단순하게 상품을 파는 일이라고만 생각한다면, 아마 위의 예 중 별로 감동 없는 프러포즈에 해당될 것이다. 세일즈에서 성공하는 사람들의 공통점은 프러포즈를 아주 잘한다는 것이다.

아침에 거울을 보면서 거울과 자신의 모습을 상의한다. 내가 오늘 고객(애인)으로부터 거절당하지 않으려면 내 모습이 보기 좋아야 하고, 그렇게 보이는지 진지하게 거울에게 물어보는 것부터 하루가 시작된다.

옷의 색상은 호감이 가는지, 헤어 스타일은 마음에 드는지, 얼굴은 깨끗해 보이는지, 액세서리는 잘 갖추어져 있는지 등등 여러 가지가 제대로 잘 배열되어 있는가를 확인하는 것은 하루를 시작하는 아주 중요한 일과이다. 하루 종일 그 상태로 보내고 귀가한다는 걸 생각하면 옷을 단정하게 어루만지는 것은 그날의 일기예보를 미리 보는 것과 같은 일일 것이다.

나는 세일즈의 세계에 처음 입문하면서 가장 많이 들어본 말 중 하나가 미래 배우자가 될 사람의 부모에게 처음 인사드리러 가는 기분으로 고객을 맞이하라는 말이었다.

이것은 태도와 관련된 것으로, 한 번이라도 더 자신을 돌아보고, 오늘 무슨 말을 해야 할지에 대하여 머릿속으로 여러 번 생각하고, 돌아오는 길에 좋은 인상을 남기고 싶어 안달이 날 정도로 집중하는 것을 의미한다.

세일즈는 사람과 대면하는 직업이다. 이는 세일즈란 상대로 하여금 나의 존재를 각인시키는 직업이라는 의미다.

어떻게 하면 나의 존재를 각인시킬 수 있을 것인가에 대한 해답이 세일즈 기술이라면, 그 기술은 연애의 기술과도 일맥상통할 수 있다.

친구들 관계에서도 흔히 있는 이야기 중에 바람둥이란 소리를 많이 들은 친구가 시간이 흘러 결혼하는 것을 보면 주변 친구들의 부러움을 사는 경우가 많다는 것이다.

　이것을 세일즈의 관점에서 본다면, 많은 사람들에게 자신의 존재를 각인시키고 구애 활동을 열심히 하다 보면 어떤 사람에게는 어떻게 대하는 것이 좋은 결과를 가져온다는 지침서 같은 자신만의 노하우를 발견하게 된다고 볼 수 있다. 이는 많은 경험에서 우러나오는 결과로, 첫인상이 아무리 좋아도 오랜 시간 결혼해서 살 배우자의 선택에 관해서는 아주 신중하게 자신의 경험을 총 동원하여 결정을 하게 된다. 물론 매번 만나는 상대방을 위해 최선의 노력을 다하려는 자세를 보여주기에 주변에 많은 이성이 존재하는 것도 당연한 결과이다.

　현실에서 사람들은 그런 바람둥이를 별로 좋아하지 않는 것처럼 보이지만 실은 자신이 하지 못하는 능력을 갖고 있는 사람에 대한 시기심일 경우가 많다.

　세일즈는 약간만 다른 각도에서 본다면, 사람에게 호감을 갖고 호감을 주는 모든 인간관계의 기초를 배울 수 있는, 아주 다양한 삶을 경험하는 직업이라고 할 수 있다. 하지만 그 첫 마음이 연애를 하는 사람처럼 상대방을 배려하기 위해 준비하는 시간을 갖지 않을 경우 언제나 거절당할 가능성은 존재하고 있다는 것을 명심해야 한다.

　나는 세일즈를 좋아한다. 항상 새로운 사람을 만날 수 있다는 설렘과, 찌든 모습을 보이지 않게 채찍질할 동기 부여를 해주는 구애 상대가 늘 있기 때문이다.

　이 세상에 고객이 상품 구매를 거절하는 이유는 천 가지도 넘는다는 어느 조사 결과를 본 적이 있다. 세일즈맨의 머리카락이 헝클어져서, 안경을 삐딱하게 쓰고 있어서, 이 사이에 고춧가루가 끼어 있어서, 바지에 주름이 잡혀 있어서, 넥타이 색깔이 마음에 안 들어서, 너무 더듬더듬 말해서 등 무수히 많은 거절의 사유가 있다. 이 거절을 어떻게 뚫고 사랑하는 사람과 결혼에 골인할 수 있을까 연구하는 사람만이 세일즈에서 성공할 수 있고, 이 거절을 극복하는 과정에서 여러분은 진정한 바람둥이가 될 수 있다.

4 시간의 자유
• 정해진 일과는 없다, 우리가 만들어갈 뿐!

항구에 정박해 있는 배는 안전하지만, 정박하는 것이 배를 만든 목적은 아니다.

흔히들 인생을 각본 없는 드라마에 비유하기도 하고, 연극이나 그림에 비유하기도 한다.

이는 한 사람이 가지고 있는 잠재 능력이 얼마나 대단한지와 그것을 키워가는 모든 과정에 특별하지 않은 것이 없음을 나타내주는 말이기도 하다.

지불장 무명지초(地不長 無名之草)요, 천부생 무녹지인(天不生 無綠之人)이라. "땅은 이름없는 풀을 키우지 아니하고, 하늘은 푸르지 않은 사람을 낳지 않는다."란 뜻이다.

세일즈라는 직업을 가지고 있는 사람이나, 다른 직업을 가지고 있는 사람이나 모든 사람이 귀하다는 사실에는 누구나 동의할 것이다. 하지만 스스로가 귀하다고 생각하는 사람이 과연 얼마나 되는지 묻고 싶다. 일상에 지쳐 하루하루를 그냥 살아가는 사람과, 스스로 귀함을 알고 자신을 더욱 귀하게 만들기 위해 노력하는 사람과는 시간이 흐르면서 전혀 다른 방향으로 삶이 움직일 수밖에 없다.

세일즈 세계에 처음 입문하면서 초보 세일즈맨은 비전을 가지고 일을 시작한다. 경제적인 비전과 가치에 대한 비전을 함께 가지고 있다면 성공할 가능성이 더 크다고 할 수 있다.

경제적인 비전은 "나는 열심히 일할 준비가 되어 있다. 그 결과가 모두 나에게 보상된다면……."이라는 생각에서, 가치적인 비전은 "내가 판매하는 상품은 사람들에게 도움이 되는 것이고 사람들은 나로 인해 인생이 더욱 행복해질 것이다."라고 자신이 하는 일에 대한 가치를 스스로 인식하는 데서 출발한다.

그렇다면 이런 경제적, 가치적 비전이 자신의 삶을 어떻게 바꿀 수 있다는 것인가?

세일즈는 흔히 mental job이라고 한다. 이러한 비전은 사람을 대면하여 자신을 판매하는 세일즈맨에게는 가장 중요한 부분이며, 그것이 바탕에 깔려 있지 않은 상태에서 진행되는 세일즈는 짧은 시간에 실패할 가능성이 크다.

누구나 영화 속 주인공이 되고 싶어하고, 누구나 드라마 속의 성공한 사람으로 비추어지길 원한다. 그렇다면 자신을 주인공으로 한 드라마를 만든다면 여러분은 어떠한 모델을 만들겠는가?

이제 자신을 주연으로 한 드라마를 만들기 위해 가장 먼저 해야 할 일을 알게 될 것이다. TV 토크쇼의 진행자인 오프라 윈프리의 동반자이고, 현재 스포츠·연예 컨설팅 회사의 사장이자 설립자인 스테드먼 그레이엄 씨가 자신의 경험을 통해 발견한 몇 가지 원칙들을 지금부터 소개하고자 한다.

자기 정체성의 확립

우선적으로 자기 자신을 제대로 안 후에야 자신이 원하는 것이 무엇인지, 그것을 이룰 수 있는 가장 효과적인 방법이 무엇인지를 생각해낼 수 있다.

"진혀 줄겁지 않은 직장에서 일에 매여 인생을 허비하기 전에, 잠시 자기를 분석해보십시오. 자기분석을 하면서 당신이 전문가로서 세워놓은 판매 전략과 당신의 욕망, 재능, 목표와 연관성이 있는가 확인해 보시기 바랍니다."

그레이엄은 "우선 해야 할 일은, 당신 안에 있는 것, 진정 원하는 것이 무엇인가를 정말로 찾아내는 일, 그리고 생존을 위해서 일하는 것은 이제 그만두는 것입니다."라고 말하면서 "물론 기본적인 생활은 필수입니다. 하지만 약간의 시간을 당신의 본연의 모습을 찾아내는 데 투자해보십시오. 당신 자신의 모습을 찾아내고 난 후의 세상은, 당신이 하고 싶은 것을 할 수 있게 해주는 자원들로 가득 차 있을 것입니다."라고 자신을 알고 인생을 시작하기를 권한다.

비전 선포식

이룩하고 싶은 것을 정확히 알고, 그것을 실현하기 위해 몰두하면 그것이 동기 부여가 되고 우리는 집중하게 된다.

자신만의 비전이 없다면 가치 있는 기회가 왔을 때 잡기 힘들다. 그 대상이 운동이건 사업이건 비전을 갖게 됨으로써 그 일에 더욱 능숙하게 된다. 그리고 일에 대한 확신을 갖게 된다.

어떠한 세일즈맨이 되고 싶은지, 어떤 성공을 거두고 싶은지 비전을 세우도록 하라.

액션 플랜(action plan)

세워진 계획을 바탕으로 목표를 향해 일하는 것은 매일매일을 소중하게 여기게 하고 심각하게 좌절할 가능성을 줄여준다.

하루, 일주일, 한 달의 전략에 따라서 해야 할 일들을 계획한다면 그만큼 쉽게 목표에 도달할 수 있다.

이에 대하여 그레이엄은 "비전을 발전시키려면 하루도 놓치지 않고 꾸준히 계획을 세우고 준비해야 합니다. 주어진 하루를 잘 보내는 것, 좋은 한 주일을 보내는 것, 한 달을 잘 보내는 것, 1년을 잘 보내는 것은 아주 중요합니다. 이런 식으로 계속 유지해간다면 멋진 인생을 살 수 있을 것입니다. 목표를 향한 최대한의 진행을 위해서는 매일같이 마음에 담아두고, 일상생활이 당신의 목표를 달성하는 데에 알맞도록 설계되어 있는지 항상 생각하십시오."라고 말하고 있다.

공통적인 성공 원칙

누구에게나 공통적으로 통하는 성공 원칙이 있다.

첫째는 열심히 일해야 한다는 것이다. 모든 것은 일을 해서 얻어내야 한다. 올바른 직업윤리는 자기 수련의 결과로서 생기고, 그것은 정신력과 체력을 유지하여 성과를 높여준다. 열심히 일하는 것과 정신적·육체적 건강은 조화를 이루며, 이 조화는 아주 긴요한 것이다. 따라서 조화로운 삶을 사는 것은 아주 중요한 일이라고 그레이엄은 강조한다.

그는 또 정신적인 바탕을 가지고 있어야 하고, 몸을 단련하기 위해서 시간을 내야 한다고 말한다. 이것이 모든 사람들이 인생이 더욱 충만해지도록 적용해야 하는 기본적인 원칙이라는 것이다. 따라서 영업에 자신을 바치되 가족과 친구와 자기 자신을 위해 언제나 시간을 내는 것을 우선시해야 한다고 말한다.

최선의 것 찾아 나서기

변화에 저항하고 안정된 생활을 위협하는 것에 대항하는 것, 특히 모든 일들이 잘 풀리고 있을 때 이렇게 하는 것은 자연스러운 인간 본성이다. 그러나 영원히 안주하고 싶어하지 않는 세일즈맨들은 울타리

안에서 밖으로 최선의 것을 찾아 나서야 한다.

이것을 두고 그레이엄은 이렇게 말한다.

"교육의 기회나 직업을 가질 기회가 있는데, 지금까지 살아온 곳을 떠나고 싶지 않아서 새로운 제안을 받아들이지 않거나 리스크를 피하려고만 한다면 앞으로 발전하기는 어렵습니다. 하지만 인생은 도전으로 가득한 것이라는 사실을 깨닫는다면 미래에 대해서 흥미를 갖기가 더 쉬워질 것입니다. 과거에 매달리거나 종속되지 않도록 유연성을 가져야 합니다. 영업이나 수입이 정체기에 들어섰다고 생각된다면 왜 그런지 생각해보고, 어떻게 하면 더 높은 곳을 향해 갈 수 있을지를 생각하십시오."

팀이 필요하다

친구에게서 약간의 도움을 받으면 정진하기가 더 쉬워진다.

긍정적인 태도와 승리하겠다는 의지를 공유하는 집단은 성공에 필수적인 충고와 지원을 제공해준다. 이를 두고 그레이엄은 "성공하기 위해서는 당신의 비전과 가치와 철학을 공유하는 좋은 사람들을 가까이에 두어야 합니다. 인간이기에 우리는 꽤 불안정합니다. 일을 하는 데 있어서 우리 자신에게만 의존한다면, 일이 힘들어질 것입니다. 우리가 원하는 것이 무엇이든 간에 이룩하기 위해서는 팀이 필요합니다."라고 네트워크에 대한 중요성을 일깨워준다.

다른 사람들을 가능한 한 도와주고, 다른 사람에게 준 도움이 커다란 크기로 당신에게 다시 되돌아오는 것을 경험해보라.

▎선택

　고객과 직업에 100%의 노력을 쏟도록 자각적으로 결정을 내릴 때 우리는 높아진 개인적 만족, 일에 대한 만족, 보수 등의 결과를 즐기게 된다. 결정을 내리고 승리하는 것은 삶에 있어서 좋은 선택을 하는 것과 같고, 그런 선택을 하는 데 필요한 바른 정보를 가지는 것과 같다. 인생의 성공은 적절한 계획과 준비에 기초를 두고 있으며, 당신이 가지고 있는 정보에 기초를 둔 결정 사항과 직접적인 관련이 있다.

　영업을 하면서 그저 평소의 수준을 유지하려고 노력하는 대신에 최선을 다하려는 결심을 하고, 그러고 나서 그 결과로서 대가를 얻어야 한다.

▎자신의 비전에 모든 것을 바쳐라

　자신이 세운 목표에 도달하기 위해서는 그것에 충성해야 한다. 좌절로 인해 괴로울 때도, 마음이 내키지 않을 때도 목적을 이루기 위해서 계획에 충실해야 한다. 그레이엄은 "성공은 일관성과 관계가 있습니다. 제가 얼마 전 감기에 걸려서 정말 몸이 아팠을 때 예정된 인터뷰를 두세 개쯤 취소를 하고 잠을 자면 얼마나 좋을까 혼자 많이 생각했습니다. 하지만 저는 이미 약속을 했고, 쇼 진행자들과 사람들을 실망시키고 싶지 않았습니다. 그 약속을 지키기 위해서 내가 할 수 있는 가능한 일들을 하고 싶었습니다. 성공적이 되는 것은 가지고 있는 모든 것을 바치겠다고 자기 자신과 약속을 하는 것입니다. 꿈을 깨닫기 위한 희생을 꺼리지 마십시오. 그리고 그곳에 도달하기 전에 포기하는 걸 거부하십시오."라고 말하면서 인생이 얼마나 진지하게 살 가치가 있는지를 역설하였다.

대부분의 사람들에게 성공은 그냥 오는 것이 아니다. 성공은 원하는 것으로 동기 부여가 된다. 그러나 성공을 위해서는 계획이 세워져야 하고 열심히 일하는 것이 뒷받침되어야 한다. 운이 좋게도, 우리는 모두 성공하고 싶어한다. 그리고 계획을 세우는 힘과 승리하기 위한 노력을 투자할 힘도 있다. 의지가 있는 곳에 길이 있으므로 그 의지를 가지고 이제부터 세일즈의 세계로 도전한다면 당신은 반드시 세일즈라는 드라마 속에 성공적인 주연으로 데뷔할 수 있을 것이다.

5

스스로를 아름답게 만드는 것
• 진정한 안정은 일 속에서 이루어진다

"고통은 한순간일 뿐이다. 그러나 아름다움은 영원히 남는다."
- 르누아르

프랑스의 위대한 화가 르누아르는 노년에 관절염으로 괴로워했다. 관절염의 후유증으로 손은 비틀어졌으며, 움직일 수조차 없게 되었다. 그의 동료 화가인 헨리 마티스는 르누아르가 손가락 끝으로 겨우 붓을 잡고 고통 속에서 그림을 계속 그리는 것을 보고 측은하게 생각하여 어느 날 물었다. 그런 고통을 받으면서까지 계속 그림을 그리려는 이유가 도대체 무엇이냐고. 이에 대한 대답이 위의 글이다.

자신이 하고 있는 일은 성공의 고속도로를 달리기 위해 당연히 지불해야 하는 대가이다. 그렇기에 자신의 일에 대해 철저히 알아야 하며, 하고 있는 그 일을 좋아해야 한다.

라스베이거스의 카지노에는 시계가 없다. 이는 도박을 즐기는 사람들이 시간 가는 줄 모르고 게임에 집중하게 하기 위한 하나의 방편이다. 만약에 그들이 직장 일에 그렇게 깊이 빠진다면 도박장에서는 결코 얻을 수 없는 심리적 욕구를 충족시킬 수 있을 것이며, 재정적인 성과도 얻을 수 있을 것이다. 이것은 태도의 문제이다.

어떤 분야에서든 정상에 있는 사람은 그들이 하고 있는 일에 깊이 파묻혀 있으며, 그들의 성공은 그들이 하고 있는 일을 사랑한 결과로 얻어진다. 우리가 흔쾌히 일로 시간을 보내고 직업을 갖는 이유는, 직업이 그것들을 포함하고 있다는 것을 알기 때문이다.

일반적으로 사람들이 현재의 지위나 현재의 직장에서 시간에 맞추어 일하고, 성실하게 할 일을 다 하고, 고용주에게 충성을 다하며, 보수를 정당하게 여기면 직원과 고용주 사이는 평탄하다. 단 불경기로 인해 회사가 문을 닫지만 않는다면……. 그러나 그것만으로는 보수를 더 받거나 승진하기에는 충분하지 않다.

고용주는 더 많은 보수를 지급하게 되길 바라지만(이는 결국 직원들이 더 많은 일을 했기에 주어지는 결과라는 것을 고용주는 알고 있기 때문이다.) 그렇다고 해서 자선사업을 하고 있는 것이 아닌 이상 고용주 입장에서 까닭 없이 보수를 인상해주지는 않는다. 고용주가 직원들에게 더 많은 보수를 지급하게 하기 위해서는 직원들이 그에게 좀 더 가치 있는 존재가 되어야 한다. 그러려면 더 많은 시간, 더 많은 열정, 더 많은 책임감을 가지고 일해야 한다.

인생을 스스로 아름답게 가꾸고 싶은 사람은 자신의 일에 애정을 가져야 한다. 이를 통해 진정한 정신적인 안정을 찾아가는 연습을 할 수 있다. 그것은 다른 사람들이 주거나 제공해줄 수 없는 나 자신의 문제이다.

우리들이 알고 있는 복지의 천국 스웨덴의 실상을 보면, 인생에서 시간이 흐를수록 일이 가져다주는 행복감이 얼마나 절실해지는지를 알 수 있다. 스웨덴은 요람에서 무덤까지 정부가 모든 복지를 보장해준다. 많은 스웨덴 사람들은 정부가 그들의 생계를 책임지고 그들을 돌보아주리라 믿고 있다. 병원비가 모자라면 보태주고, 자녀의 출산 비용을 보조해주고, 양육비를 보태주고, 최저생계비를 갖지 못하는 가정에 그 차액을 보조해주는 훌륭한 나라이다. 하지만 그 속을 들여다보면, 스웨덴은 서구 여러 나라들 중 가장 세율이 높은 나라이고 청소년 범죄 증가율, 마약 중독자 증가율, 이혼 증가율이 가장 높은 나라이다. 또한 서구 어느 나라보다도 퇴직자들의 자살률이 높은 나라이기도 하다.

결국 어떤 사람이 나 자신을 돌보아준다는 것과 스스로가 자신의 안정을 계획하는 것에는 큰 차이가 있음을 보여주는 좋은 예이다. 진정한 안정은 일 속에서 이루어진다. 이것이 나이가 들면서 스스로를 아름답게 가꿀 수 있는 가장 큰 비결이다.

6

신언서판 身言書判
• 세일즈 성공의 네 가지 조건

"책을 표지만 보고 판단해서는 안 되는 게 사실이지만 표지가 마음에 끌리지 않으면 그 책의 내용이 궁금해지지 않을 수도 있다."
- 지그 지글러

옷이란 그 옷을 입은 사람의 사회적인 신분과 경제적인 능력을 알려주는 중요한 요소이다. 그런 만큼 현대의 의복은 그 사람의 사회적 지위와 품격을 대변해주는 커뮤니케이션 도구라 할 수 있다. 옷은 그 옷을 입은 사람에 대한 타인의 관념을 바꾸어놓을 뿐만 아니라 그 옷을 입고 있는 사람의 행동도 바꾸어놓는다.

신언서판이라는 말이 있다. 이는 중국 당나라 때 관리를 등용하는 시험에서 인물 평가의 기준으로 삼았던 몸, 말씨, 글씨, 판단의 네 가지를 이르는 말이다.

'신(身)'은 사람의 풍채와 용모를 뜻한다. 이는 사람을 처음 대했을 때 첫째 평가 기준이 되는 것으로, 아무리 신분이 높고 재주가 뛰어난 사람이라도 첫눈에 풍채와 용모가 뛰어나지 못할 경우 정당한 평가를 받지 못하기 쉽다.

'언(言)'은 사람의 언변을 이른다. 아무리 뜻이 깊고 아는 것이 많은 사람이라도 말에 조리가 없고 말이 분명하지 못하면 정당한 평가를 받지 못한다.

'서(書)'는 글씨(필적)를 가리킨다. 예로부터 글씨는 그 사람의 됨됨이를 말해주는 것이라 하여 매우 중요하게 여겼다. 그래서 인물을 평가하는 데 글씨가 매우 큰 비중을 차지하였으며, 글씨에 능하지 못한 사람은 그만큼 평가도 받지 못했다.

'판(判)'이란 사람의 문리(文理), 곧 사물의 이치를 깨달아 아는 판단력을 뜻한다. 사람이 아무리 체모(體貌)가 뛰어나고, 말을 잘하고, 글씨에 능해도 사물의 이치를 깨달아 아는 능력이 없으면 그 인물됨이 출중할 수 없다.

이제 세일즈의 세계에 이 말들이 어떻게 적용되는지 보자.

세일즈는 상품을 팔기 이전에 자신을 드러내는 직업이다. 그렇기에 자신을 드러내는 모든 방식에서 프로다워야 하고 그 프로다움으로 자신과 고객 사이에 신뢰를 형성시켜야 상품을 판매하는 데 효과를 얻을 수 있다는 것은 너무도 잘 알려진 사실이다.

우리는 듣는 것이 아니라 보는 것을 믿도록 되어 있다. 눈이 '마음의 창'이라고 하는 이유도 보이는 것에 사람의 마음이 가기 때문이다. 마음의 눈은 보이는 것을 믿는다. 우리 몸의 감각기관 중에서 유일하게 뇌에 직접적으로 연결된 것은 눈밖에 없다. 그렇기 때문에 듣는 것보다 보는 것을 더 쉽게 받아들인다.

그러나 행동을 이끌어내는 것은 귀로 듣는 말이다. '감정의 뇌'는 '사고의 뇌'보다 몇 배나 크기 때문에 고객의 귀와 눈을 동시에 자극할 때 세일즈 가능성이 높아진다.

그렇다면 신언서판이라는 말에서 보듯 세일즈의 시작은 첫 대면이요, 첫 대면 후 세일즈하는 사람의 말을 듣고 설명하는 행위를 보면서 판단하게 되는 것이 전부인 것이다.

세일즈 관련 서적에서 많이 이야기하는 것 중 옷을 잘 입어야 한다는 말이 있다. 들어본 적이 있을 것이다. 이를 비싸고 고급스런 명품 옷으로 치장하라는 의미로 받아들이지는 않는다. 이는 외모를 깔끔하게 잘 다듬으라는 의미 이상은 아닐 것이다. 옷의 가격은 상관없다. 어느 누가 보더라도 "옷을 잘 입는구나." "참 세련되어 보인다." "전문가다운 외모를 지니고 있구나."라고 생각되면 호감을 얻게 마련이다.

세일즈맨의 기본은 누구나에게 호감 가는 옷차림이라고 해도 과언이 아니다.

말을 잘하고 못하고는 중요하지 않다고 본다. 물론 말을 잘하는 사람이 유리할 수도 있다. 하지만 내 주변에서 세일즈를 성공적으로 하고 있는 사람들 중에는 유창한 언변을 자랑하는 사람보다는 차분하면서 말을 잘 들어주고, 잘 응대해주고, 그 목소리에 진솔함이 묻어나는 이들이 더 많다. 이는 단순하게 언변만 좋은 사람보다 깊이가 있는 대화를 할 줄 아는 사람이 세일즈를 더 잘한다는 방증이다.

요즈음은 컴퓨터로 찍어내듯 활자화된 서류를 많이 쓰기에 사람이 자필로 글씨를 쓸 기회가 적은 것이 사실이다. 하지만 세일즈의 세계에서는 많이 그리고 쓰는 것에 익숙한 사람이 성공적인 세일즈를 한다. 정적인 그림보다는 서툴러도 하얀 종이 위에 설명을 부연하기 위해 그리거나 쓰는 것이 사람의 주의를 집중시킬 수 있기에 이러한 방법을 효율적으로 구사하는 세일즈맨들은 보다 성공적인 상담을 진행한다.

제품을 주문하는 주문서를 발행할 때, 금융상품을 구입하는 서류를 작성할 때 고객은 상담을 진행한 세일즈맨의 글씨 형태를 보게 되는데 "참 글씨를 잘 쓰는구나." 하는 생각이 들면 구입할 상품도 좋아 보이는 것이 사실이다. 이처럼 글씨와 그림 등으로 차근차근 설명을 잘하는 세일즈맨 중에 실패한 사람을 나는 본 적이 없다.

사람에게는 모든 사물을 바라보고 현상을 보면서 이를 자기에게 대입해보는 직관이라는 것이 있다. 이는 사물을 이해하는 속도와도 관련 있다. 흔히 이해력이라고도 하고, 직관력이라고도 한다.

세일즈 세계에서는 이를 다른 말로 awareness(인식)라고 한다. 사람을 대상으로 상담을 하고 감정의 변화를 읽어 다음 할 말과 행동을 스스로 만들어가는 것이야말로 세일즈맨에게 가장 필요한 능력 중에 하나라고 할 수 있다.

감수성이 있고 감각적인 사람은 사람을 상대하는 일에도 탁월한 능력을 발휘한다. 세일즈를 처음 시작하는 사람들에게 세일즈 매니저(sales manager)들은 대수의 법칙을 이야기한다. 몇 번의 전화와 몇 번의 만남은 몇 번의 면담을 성사시켜주고 이는 다시 몇 건의 계약으로 연결된다는 기계적인 수치를 보여주며, 성공하고 싶으면 이 숫자를 채우면 된다고 장밋빛 미래를 보여주기도 한다.

하지만 그 숫자에서 빠진 것이 있다. 똑같이 전화하고, 상담하고, 같은 만남을 지속한다고 하더라도 결과는 다 다르다는 것이다. 이것은 사람마다 직관이 다르기 때문이다. 이를 통해 사람마다 다른 트레이닝 방식을 연구해야만 한다. 이것이 결국 훌륭한 세일즈맨을 만드는 기초가 된다.

물론 세일즈 초기에 반드시 해나가야 하는 일반적인 대수의 법칙을 부정하는 것은 아니다.

7

언어유희
• yes와 but의 차이를 명확히 이해하라

"상대방에게 좋은 말을 하는 것은 그 사람에게 비단옷을 입히는 것보다 더 따뜻한 것이다."

- 순자

'그러나'와 '그리고'의 차이를 아는가?

이 두 단어는 그 쓰임새가 다르다. 어떻게 사용되느냐에 따라 사람들에게 전달되는 의미는 하늘과 땅 차이다. 이 말만 잘 사용해도 미움이나 원망의 대상에서 벗어날 수 있다.

많은 사람들은 칭찬을 하고 나서 '그러나'라는 단어를 쓰는 경향이 있다. 예를 들어 자녀의 공부 습관을 바꾸기 위해 이렇게 말한다.

"○○야, 이번 학기에 성적이 올라서 정말 네가 대견스럽구나. 그러나 수학 공부를 좀 더 열심히 했더라면 성적이 더 올랐을 텐데."

당신의 자녀는 '그러나'라는 말을 듣기 전까지는 칭찬이라고 생각하고 사기가 올라간다. 하지만 '그러나' 이후의 말을 듣고 나서는 칭찬의 진실성까지 의심하게 된다. 자녀에게는 결국 수학 성적에 대한 불만을 노골적으로 표시하기 위해서 서론을 둘러댄 것으로 들리기 쉽다. 이렇게 당신의 의도가 의심을 받게 되면 자녀의 공부 습관을 바꾸고자 했던 애초의 목적은 달성할 수 없다.

이 문제는 '그러나'를 '그리고'로 바꾸면 쉽게 해결할 수 있다.

"○○야, 이번 학기에 성적이 올라서 정말 네가 대견스럽구나. 그리고 다음 학기에도 네가 꾸준히 노력해서 수학 성적도 올릴 것을 기대한다."

이렇게 하면 잘못에 대한 이야기가 없으므로 아이는 칭찬이라고 생각한다. 또한 수학 성적에 대한 부모의 희망을 간접적으로 표시했으므로 그 기대를 저버리고 싶지 않다는 생각도 하게 된다.

세일즈를 하는 많은 사람들이 배우는 것 중에 고객의 말을 인정하는 의미에서 yes를, 그리고 그것에 대한 다른 시각을 알려주기 위해서 but을 함께 사용하라는 지침이 있다. 하지만 이것도 적재적소에 잘 쓰일 경우에나 의미가 있다는 걸 알아야 한다. 서로 이질적인 단어를 사용할 때 그 사이에서 그 말을 희석시킬 정도의 신뢰가 쌓여 있을 경우는 좋은 방법이 될 수 있지만, 말 한 단어에 고객은 자신의 의견이 무시당했다고 느낄 수도 있기 때문에 상황을 잘 살펴서 써야 한다.

8

이기고 지는 게임
- 고객과의 논리적 싸움을 삼가라

"사람을 가르칠 때는 가르치지 않는 듯이 가르치고, 상대방이 모르는 것은 마치 잊었던 것을 상기시키듯 알게 하라."
- 알렉산더 포프

무수히 많은 세일즈 서적과 선배들을 통해 우리는 고객과 논쟁하는 것을 하지 말아야 할 행동 1호로 배운다.

우리는 자신의 잘못된 점을 스스로 인정할 때가 있다. 또 다른 사람이 부드럽고 섬세하게 지적하는 경우에도 깨끗이 인정한다. 자신의 솔직함과 넓은 이해심에 대해서 자부심까지 느끼면서 말이다. 하지만 상대방이 나의 틀린 점을 인정하라고 강요하면 반발심이 생긴다.

대부분의 사람은 편견을 가지고 있거나 생각이 한쪽으로 치우쳐 있게 마련이다. 질투, 선입견, 부러움, 두려움과 자존심 등으로 사람의 판단은 흐려져 있다. 그렇기에 자신의 종교나 머리 모양, 좋아하는 영화 배우 등에 대하여 이미 가지고 있는 생각을 바꾸고 싶어하지 않는다.

따라서 절대로 이런 말로 시작하지 말아야 한다. "내가 당신에게 이것을 증명하겠소."

이 말은 "내가 당신보다 더 똑똑하니 내 말을 들어보고 당신의 생각을 바꾸시오."라고 하는 것과 비슷하다. 일종의 도전이라고 볼 수 있다. 이 말을 들은 상대방은 당신이 다음 말을 꺼내기도 전에 당신과 싸우고 싶어질 것이다. 부드러운 분위기 속에서도 상대방의 마음을 바꾸는 것은 상당히 어려워지게 된다. 따라서 무엇인가를 증명하고 싶다면 아무도 눈치 채지 못하게 은밀하게 해야 된다.

세일즈에서는 고객과의 논리적인 싸움을 하는 순간 원하던 결과를 얻지 못하는 경우가 다반사이다. 이는 결국 고객이 감정이 상했다는 증거이다.

비용을 지불하는 사람은 고객이다. 따라서 고객들에게 그들이 틀렸다고 말하지 말아야 한다. 어떤 사람이 당신에게 틀렸다고 말한다면 "제가 틀릴 수도 있지요. 저는 종종 그러니까요. 그렇다면 다시 한 번 생각해봅시다."라고 해야 상담을 시작할 수 있다. 이 말 속에는 마력이 있다. 세상의 어느 누구도, 내 생각이 틀릴 수도 있다는 말에 반대할 사람은 없기 때문이다.

사람을 설득하려면 외교적이어야 한다는 말은 오늘날에도 진지하게 생각해볼 필요가 있는 말이다. 우리의 고객, 배우자 혹은 반대자와 논쟁하지 말자. 그들의 생각이 틀렸다고 말하지 말자. 그들을 적으로 만들지 말고 외교적으로 대한다면 최소한 원점에서 이야기를 다시 시작할 수 있는 근간은 해치지 않는다.

그렇기에 세일즈의 세계에서 성공하는 사람들은, 사람은 논리적으로 설득되는 대상이 아니라는 사실을 빨리 깨달은 이들이다. 고객이 주장하는 논리적인 내용을 어떻게 감정이 움직일 수 있도록 대응할지 연구하는 것이 우리의 주된 관심사이다.

세일즈 초기에 매니저가 내게 한 말 중 시간이 지나면서 다시 곱씹게 되는 것이 있다. 바로 "지는 것이 이기는 것이다."라는 말이다. 고객에게 지는 것이 이기는 것임을 시간이 흐르면서 뼈저리게 느낀다.

이기려고 하면 순간에는 고객이 수긍할지라도 다음의 결과는 없다. 연습된 세일즈맨은 자신의 감정을 다스리며 살지만, 연습되지 않은 고객은 마음에 상처를 입기 때문이다. 세일즈를 하는 순간에는 내가 프로이고 고객은 아마추어일 뿐이다. 같은 생각을 하는 사람이라는 사실을 잊어야 하고, 내가 하고 있는 생각에 항상 동의하지는 않는다는 사실을 알아야 한다.

지는 게임부터 시작하길 권한다. 왜냐하면 게임에서 진다는 것은 세일즈맨에게는 고객 속에 들어가 있다는 것을 의미하기 때문이다. 그러면 공감을 형성하기 쉽고, 고객은 존중받는 느낌을 갖게 되며, 이를 통해 결과적으로 세일즈를 성공으로 이끌 수 있다.

논쟁을 할 상황이 될 경우 다음의 문구를 되새긴다면 잠시 숨 돌리는 사이 우리는 논쟁에서 해방될 수 있으리라……

우리는 별다른 주의를 기울이지 않고 어떤 생각을 갖게 되는 일이 많다. 또한, 별다른 어려움 없이 생각을 바꾸게 되는 때가 있다. 하지만 타인으로부터 노골적으로 우리의 생각이 틀렸다는 지적을 들으면 화가 난다. 일단 우리의 생각으로 굳어진 것을 타인이 바꾸려고 하면 뜻밖에 강한 반감을 느끼는 것이다. 우리의 생각이 소중해서라기보다는, 자존심이 위협받고 있다고 느끼기 때문이다.

소위 논리적이라는 것도 알고 보면, 우리가 이미 믿고 있는 것을 지키기 위한 수단이다.

- 《생각의 형성 과정》, 심리학자 제임스 하비 로빈슨

9 세상을 보는 눈
• 트렌드에 주목해야 하는 이유

"미래를 예측하는 가장 좋은 방법은 미래를 창조하는 것이다."
- 피터 드러커

세계적인 비즈니스 소설의 대가이며, 《더 골(The Goal)》로 더 잘 알려진 제프 콕스가 자신의 저서 《마케팅의 천재가 된 맥스》를 발간하면서 자신의 연구 결과를 요약하고 있는 부분을 인용해본다.

1970년대부터 오랫동안 25만 명의 세일즈맨, 8500명의 기업 마케팅 관계자, 그리고 이들의 세일즈 능력을 평가한 10만 명의 고객과의 인터뷰를 통해 25만 개의 데이터를 수집하였고, 이렇게 얻어진 데이터를 분석하면서 결국 모든 고객에게 자신이 마음먹은 대로 제품을 판매하는 완벽한 세일즈맨은 없다는 것을 발견하게 되었다.

세일즈에 있어 가장 중요한 것은 고객의 마음을 사로잡는 것이며, 고객의 요구를 제대로 이해하는 것만으로 세일즈가 거의 완성된 것이나 다름없다.

1990년대에는 컴퓨터의 상용화 및 네트워크를 연결하는 인터넷의 발달로 품질이나 기술의 우위 또는 적은 인원의 조직 등은 경쟁우위가 되지 못함을 피력하고, 그것들은 단지 시장에 진입하기 위한 최소한의 자격에 불과하다고 역설하고 있다.

결국 오늘날 경쟁력을 확보하기 위해 필요한 가장 중요한 자원으로 꼽는 것은 제품이나 그것에 부속되는 서비스가 아닌 제품을 판매하는 영업력이며, 세일즈가 빛을 발해야 기업이 성공할 수 있는 시대에 살고 있다는 말로 오랜 시간 연구한 과제에 대해 결론을 내리고 있다.

대한민국의 마케팅 시장에서 변화의 조짐은 1997년을 기점으로 나타나기 시작했다. 단순히 상품만을 만들면 팔려 나가는 시기는 지났고, 이를 통해 외형을 성장시킨 회사들은 많은 부채를 등에 지고 도산하기에 이르렀다.

이러한 일련의 사건을 통해 기업이 깨달은 것은 결국 수익의 근간이 되는 것은 상품을 구입하는 고객이라는 단순한 진리이며, 어떻게 하면 고객과의 접점을 잘 형성할 수 있을 것인가에 초점을 두면서 감성 마케팅이라는 말까지 만들어내기에 이르렀다.

하지만 우리 사회는 아직도 찾아가는 서비스보다 기다리는 서비스에 더 많은 무게중심을 두고 있으며, 이는 금융 분야에서 특히 두드러진다.

세일즈를 하는 사람은 자신의 지식을 쌓는 것만큼이나 시대의 변화와 트렌드를 읽는 눈도 가지고 있어야 한다.

스타벅스 매장에서 마이클 조던의 책을 할인해서 파는 시대이다. 과거에 상상하지 못했던 원스톱 서비스를 지향하는 세상에 우리는 살고 있다.

결국 세일즈를 하는 사람들의 몫이겠지만, 세일즈의 질적인 변화에 동반하여 외형적인 트렌드의 변화를 읽지 못하는 사람들은 도태될 수 있다는 사실을 기억해야 한다.

세계화의 흐름을 책 한 권에 완벽하게 구현해냈다고 평가받는《렉서스와 올리브나무》는 안철수 대표가 자신의 부인이 직업을 바꾸는 데 모티브를 제공한 책이라고 말해 더 유명해졌다.

세계화의 물결을 거스른다 해도 지엽적인 영역에서는 살 수 있을지 모르고, 또한 단순한 생계를 유지하고 사는 데는 문제가 없을지 모르지만, 전 세계적으로 공통의 화두로 던질 만한 가치가 있는 모든 세일즈 분야에서는 결국 얼마나 빨리 변화하느냐와 세계 시장의 흐름을 읽고 있느냐가 오랜 시간 자신의 직업을 유지하고 발전시킬 수 있는 키워드가 된다.

나는 처음 세일즈를 시작한 곳이 금융상품을 판매하는 곳이었기에 변화의 물결을 즉각적으로 인지할 수 있었다. 이 변화를 빠르게 읽은 사람들은 또 한 번의 도약을 꿈꾸며 세상 속으로 자신의 비전을 실현시켜나가고 있지만, 이 과정에서 많은 사람들이 도태되는 것도 직접 목격했다.

세일즈의 근본은 바뀌지 않는다. 사람들의 필요에 의하여 상품은 구매되고, 이를 잘 도와주는 과정에 대한 프로세스는 변하지 않을 것이다. 하지만 그 주변을 둘러싸고 있는 새로운 수요에 대한 창출 노력과 그를 뒷받침할 새로운 준비들까지 필요 없는 것은 아니다. 그러므로 항상 열린 자세로 변화를 수용할 여분의 그릇은 남겨두어야 한다.

10

변화는 생존이다
• 익숙한 것들과의 이별

"오늘부터 나는 새로운 삶을 시작하리라. 그래서 나의 새롭고 좋은 습관이 태어나고, 계속되는 반복으로 실행이 점점 쉬워지게 되면 그런 행동을 하는 것은 즐거움이 되리라. 즐거운 것을 더욱 자주 행하려는 것은 인간의 본능이다. 내가 그것을 자주 실행하면 그것은 습관이 되고 나는 그것의 노예가 된다."

- 《위대한 상인의 비밀(The Greatest Salesman in the World)》, 오그 만디노

전문가는 태어나지 않고 만들어진다는 말이 있다. 이것은 일상의 반복을 통해 그 깊이가 더해지면 대가가 된다는 것을 의미한다. 그리고 많은 사람들은 익숙한 기능과 생각들 속에서 평생을 살아갈 뿐만 아니라 현상을 유지하기 위해 많은 에너지를 소모한다.

변화는 많은 힘을 필요로 한다

살아 있는 자연이 계절과 함께 변하듯 변화라는 것은 살아 있는 모든 것들이 표현되는 방식이다. 반대로 변화하지 않는 것은 이미 죽은

것이나 다름없다.

스스로 변하지 않는 사람, 다른 사람이 만들어준 삶을 살아가는 사람, 변화의 변두리에 머물기를 즐겨하는 사람은 그 기간만큼 죽어 있는 것이다. 떠나지 않고 여행할 수 없듯 세상을 받아들이지 않고서는 세상을 변화시킬 수 없다. 현실을 유지하려는 힘보다 변화하려는 힘의 수준이 높을수록, 과거에 '정상'이라고 여겨졌던 것들에 대한 자기부정과 단절을 가정하는 과정에서 경험한 변화의 양만큼 우리는 주체적인 삶을 누릴 수 있다.

따라서 변화는 부정하는 만큼의 크기에 비례하여 힘을 필요로 한다.

변화를 두려워하지 말라

일상 속에서 자기 삶의 작은 변화를 만들어내는 일이 어려운 것은 자기 자신이 저항하기 때문이다. 그 이유는 변화가 가지고 올지도 모르는 불이익과 기득권의 상실과 자유로움의 제한, 희생 때문이며 익숙해진 습관의 일부를 깨뜨림으로써 불균형을 가져오기 때문이다. 또 변화에 대한 충분한 설득이 이루어져 있지 않기 때문이다.

변화라는 것은 자기 자신을 '생존을 위해서'라는 명제로 설득시켰을 때 가능하며, '더 나은 삶을 위해서'라는 명제로 설득시킨다면 그 힘이 떨어질 수밖에 없다.

식물은 생존을 위하여 1년에 한 번 죽음의 변화를 적극적으로 수용하며, 하찮은 벌레도 변화할 시기에 이르면 주저하지 않고 이를 받아들인다. 알에서 부화한 애벌레가 성장을 거듭한 후 고치를 만드는 것을 보라. 고치가 된다는 건 벌레에게 죽음을 의미하는 행위다. 자신의 입에서 실을 뽑아 스스로 자유를 억제하고, 이미 가지고 있던 많은 것을 제한한 후에 고치라는 좁은 공간에서 옷을 벗을 때 푸른 창공을 날 수 있는 나비로 부활함과 동시에 더 많은 자유를 얻게 된다.

이러한 자유의 제한을 동반한 변화야말로 진정한 자유를 얻기 위해 필연적으로 따라다니는 것으로, 이를 두려워하지 않아야 변화를 가져올 수 있다.

익숙한 것들과 결별하라

익숙한 것들과 결별하기 위해 첫 번째 필요한 것은 변화가 생존을 위해 필수불가결한 조건임을 인식하는 것이다. 변화에 성공하는 이들의 공통점은 위기 인식의 정도가 높다는 것이기에 이들은 결국 익숙한 것들로부터의 결별을 위한 자기 개혁이 가능하다. 미국 대통령이었던 루스벨트는 1932년 미국의 경제 대공황에 대해 '생존을 위한' 싸움이라는 상황에 대한 인식으로부터 시작하여 미국 사회에 긴박감을 던져주었고 기득권층은 이를 받아들여 희생과 책임을 감당했기에 자기변화에 성공할 수 있었다.

두 번째는 목표와 소원이 분명해야 한다. 목표와 소원이 분명한 사람은 변화의 척도를 분명히 이해하고 있으며, 기회를 만날 때 재빠르게 기회를 잡고 지름길로 갈 줄 아는 사람이다. 그리고 그것에 따르는 장애와 방해도 극복하고 인내할 수 있다.

　세 번째는 자신에게 시간을 주어야 한다. 자신에게 시간을 내지 못하면 욕망을 이룰 수 없고 전문가도 될 수 없으며, 자신을 위해 시간을 쓸 수 없다면 이미 죽어가고 있는 것이다.

　네 번째, 자신과 끊임없이 대화해야 한다. 자기혁신을 성공적으로 이루기 위해서는 평상시보다 많은 에너지가 필요한데, 이를 위해서는 자신과 마주 서야 한다. 그리고 자기 마음속에서 움직이는 것들에 모든 정신을 집중해야 한다.

　다섯 번째, 자신과의 첫 번째 싸움에서 반드시 이겨야 한다. 자기를 공격해 스스로를 이루고 있는 여러 가지 습관들이 다시 복구될 수 없도록 완전하게 와해시키지 않고는 변화에 성공할 수 없다. 일상 속의 하루를 깨지 못하면 일상을 바꿀 수 없듯이 변화라는 것은 일상 속에서 구현되어야 하며, 생활 자체를 바꾸지 못하는 변화는 실패한 변화이다. 평범한 사람은 특별한 것에서 의미를 찾고, 비범한 사람은 평범 속에서 의미를 찾는다는 사실은 시사하는 바가 크다.

　다음의 우화는 자각이 얼마나 중요한지를 보여준다.

　옛날, 커다란 산 중턱에 독수리 둥지가 있었다. 그 속에는 독수리 알이 네 개 들어 있었다. 그런데 큰 지진이 일어나 네 개의 알 중 하나가 둥지에서 떨어져 산기슭에 있던 닭 농장으로 굴러 들어갔다. 닭들은 커다란 알도 자신의 알인 줄 알고 따뜻하게 품어 부화시켰다. 마침내 태어난 독수리는 닭으로 길러졌고, 자신 또한 닭이라는 것을 의심하지 않고 살았다. 그 독수리는 집과 가족을 사랑했지만 영혼 속에는 더 높은 것을 갈망하는 무언가가 있었다.

어느 날 독수리는 농장 마당에서 놀다가 하늘을 바라보았다. 힘차게 날아가는 독수리 무리를 보면서 "와!"하고 외치며 "나도 저 새들처럼 날 수만 있다면……." 하고 말했다. 그러자 닭들이 비웃으며 "너는 저렇게 날 수 없어. 너는 닭이잖아. 닭은 날 수 없단 말이야."라고 말했다.

독수리는 계속해서 하늘을 처다보았지만 자신의 진짜 가족이 있는 곳으로 가지 못했다. 가끔 닭들에게 자신의 꿈을 말했지만, 그럴 수 없다는 말만 돌아왔다. 독수리는 이내 꿈을 포기하였다. 독수리는 그렇게 믿도록 배운 것이다. 세월이 흐르고 독수리는 닭처럼 살다가 죽었다.

사람은 믿는 대로 된다. 독수리가 되고자 한다면 자신의 꿈을 따르고 닭들의 말은 듣지 않는 것이 삶을 변화시키는 단초가 된다.

Chapter 2 관계에 반하게 하라
- 사람을 향한 열정

세일즈세계
제 ❶ 의 법칙

1 관계의 마술
• 이름 속에 담겨 있는 놀라운 비밀

"이 세상에서 자신의 이름처럼 아름답고 중요하게 들리는 소리는 없다는 사실을 기억하라."

- 앤드루 카네기

사람들은 앤드루 카네기를 강철 왕이라 부른다. 하지만 정작 그는 강철에 대하여는 별로 아는 것이 없었다. 다만 강철에 대해서 자신보다 많이 아는 사람들을 수백 명 거느렸을 뿐이다. 그가 부자가 된 것은 뛰어난 리더십 덕분이었다.

사람들은 자신의 이름에 긍지를 가지며, 그 이름을 후세에 남기기 위해서 온갖 노력을 기울인다. 서커스의 창시자 바넘은 자신의 아들들이 '바넘'이라는 이름을 계승하지 않은 것에 실망하였다. 그래서 손자인 실리에게 이름을 '바넘 실리'라고 고치면 2만 5천 달러를 주겠다고 제안했다.

이처럼 수백 년에 걸쳐 귀족이나 거부들은 예술가, 음악가, 저술가들을 후원하여 그들의 작품에 자신의 이름을 달고는 했다. 교회의 아름다운 스테인드글라스 창문에는 기증자의 이름이 새겨 있다. 대학교의 이름이나 캠퍼스 내 건물 이름도 기부자의 이름을 딴 것이 많다. 일례로 하버드 대학교도 가장 많은 기부금을 냈던 '존 하버드'의 이름을 딴 것이다.

대부분의 사람들은 다른 사람의 이름을 잘 기억하지 못한다. 그 이유는 간단하다. 다른 사람의 이름이 머릿속에서 지워지지 않게 할 만큼의 시간과 노력을 기울이지 않기 때문이다. 상대방의 이름을 소개받고 나서 불과 몇 마디 하는 사이에 잊어버리고 만다.

작별인사를 할 때 상대방의 이름이 생각나지 않아서 어색하게 헤어지는 일이 많다. 그들은 너무 바쁘다고 변명한다. 하지만 나폴레옹 3세의 예를 통해 보면, 이름을 기억한다는 것이 얼마나 사람에게 노력해야 하는 일인지를 알 수 있다.

나폴레옹 3세는 작은 황제 보나파르트 나폴레옹의 조카로서, 나중에 프랑스의 황제가 된다. 그는 바쁜 국사 중에 만나는 사람들의 이름을 모두 기억했다. 그의 기억술은 간단했다.

첫째, 상대방의 이름을 분명히 알아듣지 못했으면 다시 물어보았다.
"미안하지만, 이름을 한 번 더 말해주겠소?"
어려운 외국인의 이름이면, "철자가 어떻게 되오?"라고 물어보았다.
둘째, 대화 중에 여러 번에 걸쳐서 상대방의 이름을 불러보았다. 또한 상대방의 이름을 그 사람의 외모나 직업 등에 연관시켜서 기억했다.

셋째, 상대방이 중요한 사람인 경우, 나폴레옹은 좀 더 노력했다. 방문자가 떠나자마자 종이에 이름을 써서 들여다보며 정신을 집중했다. 그리고 나서 종이를 찢어버렸다. 이렇게 시각과 청각을 동원하여 기억을 했다. 여기에는 노력이 들어간다.

이름을 기억함으로써 나타나는 마술적 효과를 잊어서는 안 된다. 어떤 사람의 이름은 그 사람만의 것이며, 그 사람을 다른 사람과 구분해 내는 특유한 기호이기 때문이다. 이 기호는 종업원에서 최고 경영자에 이르기까지 우리가 그 사람을 움직이는 손잡이 역할을 한다. 사람의 이름을 제대로 기억하지 않으면 당신은 그의 마음을 움직이는 데 어려움을 겪게 될 것이다.

이것이 세일즈의 시작이자 마지막까지 유지되어야 하는 첫째 과제이다.

2

손톱 청소
• 때로는 싫은 소리가 약이 된다

"이 세상 누구도 당신의 허락 없이 당신에게 열등감을 느끼게 할 수 없다."
- 루스벨트

세일즈는 때로는 의외의 경험을 안겨주며, 의외의 결과를 사저온다. 아주 쉽게 진행된 상담이 있는가 하면 불쾌한 기분을 갖게 만드는 상담도 있다. 하지만 그 결과는 아무도 모르는 것이 세일즈의 세계이다.

2001년 어느 날, 나의 고객의 소개로 IT 업체에 근무하는 미혼의 신입사원을 만나게 되었다. 약속을 잡기 위해 전화를 하는 과정에서 왠지 미덥지 않은 느낌을 받았다.

그 고객은 처음 상담을 진행하기로 한 날 약속된 시간으로부터 20분이나 늦게 나왔다. 그래도 그를 소개해준 내 고객을 생각해서 정중히 인사를 나누고, 상담을 진행하기 위한 자료를 테이블에 펼쳐놓고 최선을 다해 상담에 임했다.

느낌이 이상하여 그 고객을 올려다보며 내 상담의 반응을 살피는 순간 황당한 상황을 겪게 되었다. 면담 전에 인사를 위해 건네준 내 명함을 이용하여 자신의 손톱 끝을 청소하고 있는 것이 아닌가. 처음에는 잠깐의 실수려니 생각했다. 하지만 이후에도 계속 명함으로 손톱을 파는 모습을 보면서 세일즈맨의 얼굴이라고 할 수 있는 명함을 그렇게 함부로 한다는 것이 도저히 나로서는 용납되지 않았다.

나는 조용히 펼쳐놓고 설명하던 자료를 주섬주섬 챙겨 그 자리에서 상담을 정리하였다. 그리고 내 서류가방에 집어넣었다.

나와 상담을 진행하던 고객도 무엇이 잘못되어간다는 생각을 하였는지 자세를 고치는 듯 보였지만, 나 스스로 상담을 진행하지 않겠다는 결심을 해서인지 다시 진행하고 싶은 생각은 들지 않았다. 그리고 지금까지 그리 길지 않은 세월을 세일즈를 하면서 보냈지만, 고객과 상담하는 과정에서 한 번도 입 밖으로 내뱉지 않았던 격한 어조의 말을 심한 육두문자를 써가며 그 고객에게 면박을 주었다.

물론 세일즈 과정에서 고객과의 논쟁은 불필요하다는 사실을 모르는 바는 아니었다. 하지만 인생을 살아가면서 세일즈 대상으로서가 아닌 인생의 선배로서 사회생활을 하는 후배에게 진심 어린 충고를 하고 싶었다.

"당신이 지금 한 행동이 다른 사람에게는 모욕적인 일이 될 수도 있고, 때로는 비상식적인 모습으로 비추어질 수도 있으니 항상 타인을 배려하면서 이야기를 나누는 습관을 가졌으면 좋겠습니다."란 내용의 이야기들이었다.

얼마나 오랫동안 화를 내면서 이야기했는지 모를 정도의 시간이 흐르고, 뒤도 돌아보지 않고 그 장소를 떠나버렸다.

그 순간에는 많은 스트레스를 한 번에 날려버린 듯한 쾌감도 있었다. 지금 돌이켜보면 훨씬 더 부드럽게 이야기할 수도 있었을 것 같다. 그러나 당시에는 그런 기분보단 이 젊은 친구에게 사회인으로서 최소한의 예의는 알려주어야겠다는 생각이 훨씬 컸다.

그 일이 있고 난 일주일 후, 그 신입사원을 소개해준 나의 고객이 전화를 주었다. 내가 상담했던 신입사원에게서 연락을 받고 전후 상황을 이해하고는 대신 사과를 하였다. 그리고 그 친구가 다시 나와 상담을 원한다고 조심스럽게 이야기를 꺼냈다.

나는 혹시나 그분에게 누가 되지 않았는지 묻고, 죄송한 마음을 표했다. 솔직히 다시는 그를 보고 싶지 않다는 개인적인 생각을 전하고 너그러이 용서해줄 것을 부탁드리며, 그에게 사회인으로 살아가는 데 최소한의 예의를 알려주고 싶었다는 마음만이라도 전해달라는 말을 끝으로 통화를 마쳤다.

하루하루 바삐 지내던 어느 날 휴대폰 너머로 "저 아시겠어요?" 하고 물어온다.

"누구시죠?"

머뭇거리면서 대답하는 첫마디가 "저, 손톱……."이었다.

그때 나를 힘들게 했던 그 신입사원이 꼭 만나서 다시 상담하고 싶다고 정중하게 부탁하는 전화였던 것이다. 나도 미안한 마음과 이리 연락 준 용기가 감동스러워 약속을 잡고 만났다. 이후 정말 의미 있는 인연을 맺게 되었다.

나는 용기 내어 다시 연락을 준 이유를 물었다. 그 고객의 대답이 "인생을 살아가는 데 좋은 소리만 듣고 살아도 좋겠지만, 바른 소리, 싫은 소리도 이리 해주실 수 있는 분과 인연을 맺고 싶었어요."라는 것이었다.

그때로부터 세월이 많이 흐른 지금 그 신입사원은 훌륭한 인재로 회사 내에서 제 역할을 충실히 해나가고 있고, 개인적으로는 결혼도 하고 예쁜 자녀를 둔 아빠도 되었다. 그리고 지금은 나의 성공을 열렬히 응원해주는 원군 역할을 톡톡히 해준다.

나는 이 고객에게 특별하게 무엇을 더 잘해준 것이 없다. 진심으로 그 고객의 삶에 도움 되는 이야기를 해준 것밖에는……. 세일즈와 관련된 어떠한 이야기도 한 것이 없다. 오히려 그 진심을 이해하고 받아들여준 그분에게 감사의 마음을 표하고 싶다.

세일즈의 세계는 정말 많은 사람들과 만나고 부딪치고 관계를 맺는 과정이다. 진정으로 고객을 감동으로 반하게 할 수 있는 것 중에는 아주 아름다운 사연도 있겠지만 때로는 다른 이유로 반하는 경우도 있다. 바로 진실이다.

3

"때가 되었습니다."
• 씨앗을 뿌리고 그것을 거두어들이기까지

씨앗을 뿌리는 곳에 결실이 맺힌다. 시간이 그 씨앗에 마법의 주문을 걸기 때문이다.

산길을 걷던 나그네가 토실토실한 밤 몇 알을 주웠다. 나그네는 잡초만 무성한 평지를 지나게 되자, 밤 하나를 던져놓았다. 시간이 지나자 밤은 서서히 뿌리를 내렸고, 무성한 가지와 잎을 가진 한 그루의 나무가 되었다. 그 밤나무는 그곳을 지나는 사람들에게 쉼터가 되었다.

들길을 걷던 어느 목마른 나그네가 있었다. 그는 산자락에 작은 샘을 팠고 물 한 모금으로 갈증을 달래고 다시 길을 떠났다. 세월이 흘러 샘은 더욱 깊어졌으며, 결국 맑고 깨끗한 우물이 되었다.

밤나무와 그 샘이 왜 거기에 있는지 아는 사람은 아무도 없었다.

세일즈라는 것은 흔적을 남기는 직업이다. 그 흔적이 무엇으로 되돌아올지 모르기 때문에 항상 좋은 추억의 흔적을 남겨야 한다.

　가끔 몸이 처질 때 운동으로 피로를 풀기도 한다. 그날도 흠뻑 땀에 젖을 정도로 운동을 하고 있는 중에 전화 한 통을 받았다.

　"혹시 기억나세요? 저 ○○입니다."

　"아, 네~, 그동안 잘 지내셨죠?"

　"이제 때가 된 것 같습니다. 언제 시간 되세요?"

　5년 전으로 기억한다. 한 IT 업체의 대표이사님으로, 마음도 따뜻하고 상담하는 과정에서 충분히 많은 정보를 전달하고 그도 또한 공감을 했기에 우리들 사이에는 당연히 계약이 체결되어야 한다는 생각을 나는 하고 있었다. 그런데 결정을 내리지 못하고 결국 여러 가지의 이유를 들면서 계약을 연기하려고 했다. 나로서는 납득이 되지 않았다.

　일반적으로 상담 과정에서 고객과 충분한 공감이 생겼음을 느낄 수 있으면 계약을 체결하는 데 많은 시간이 걸리지 않는다는 것을 알고 있었기에, 또 계약이 되지 않을 몇 가지 사유에 대비하여 사전에 장애물을 제거한 상태라 너무도 의아했다. 모든 상담 과정에서 완전히 마음을 열고 얘기를 나누었기에 그분의 말씀이 이해되지 않았다.

　이전에 계약을 체결할 수 있었던 상황과 별반 다르지 않다고 생각하여 너무 쉽게 상담을 진행한 것이 화근이었다. 하지만 너무 아쉬운 마음에 그 마음을 전달한다는 것이 고객의 마음에 상처를 준 듯싶었다. 아니나 다를까 고객은 화를 내었고, 그래선 안 되는데 서로 간에 자극적인 언행이 오갔다. 고객은 자존심에 상처를 입어서인지 분위기가 거의 멱살잡이 상황까지 치달았다.

결국 고객의 사정을 공감하지 못하고 나의 경험만을 내세워 고객을 설득하려고 한 내 자신의 실수를 인정하고 싶지 않은 속내도 있었던 것 같다.

자세를 고쳐 앉아 진심으로 사과의 말씀을 드렸다. 그리고 다시 한 번 가족을 위해 내 제안을 재고해주십사 간곡히 부탁하면서 사무실을 나섰다. 그 순간에는 세일즈에 실패한 것이었다.

그리고 한참의 시간이 지난 오늘 느닷없이 전화가 온 것이다. 너털웃음을 지으며 "때가 되었습니다."라는 말 이외에 다른 말 없이 다음 날 사무실에서 만나기를 청하였고, 약간의 흥분과 궁금증을 안고 정해진 약속 시간에 사장님을 만났다.

사장님은 밝은 미소로 반겨주며 "첫 만남과 변함없이 현재의 자리를 지키고 있어 고맙습니다."라고 했다. 그리고 오랫동안 자신의 삶에 대해서, 가족에 대해서 이야기를 해주었다.

잠시 후, 나는 정말 궁금히 여기고 있던 얘기를 꺼냈다.

"사장님, 솔직히 오랜 시간이 지나기도 했지만, 이리 연락을 주시리라고는 전혀 생각하지 못했습니다. 아마 사장님과 저의 마지막 미팅은 그리 유쾌한 분위기가 아니었는데요."

살짝 미소를 보이던 사장님은 다음과 같이 이야기를 꺼냈다.

"나도 그날을 잊지 못해요. 여러 이유로 자존심도 상했고, 당신이 말한 부분이 옳긴 한데, 그 부분에 결정을 미루는 내 자신이 더 화가 났는지도 모르겠소. 그렇게 당신과 헤어진 후 솔직히 '뭐 저런 친구가 다 있어?'라고 생각했지. 그런데 참 이상한 것은, 기분은 썩 유쾌하지 않았는데 당신이 한 얘기들이 머릿속에 계속 맴돌더군요. 그리고 시간이 좀 흘러 명함 정리를 할 일이 있었는데, 당신 명함이 눈에 띄었습니다. 지금도 신기하다고 생각하는 것 중 하나가 언젠가 당신이 권유해준 것이 나에게 필요하게 되면 연락해야지 마음먹고 명함첩에 명함을 보관해두었다는 것입니다. 아마 많은 시간 동안 여러 사람을 시험한 것 같다는 생각이 듭니다. 물론 그 이후 많은 세일즈맨들이 찾아오긴 했지만 모두 정중히 사양하고 내 마음속에 스스로 결정한 대로 5년이란 시간이 지난 오늘 이리 당신을 찾게 되었습니다."

돌아보면 나는 작은 씨앗을 뿌린 것밖에 한 일이 없다. 싹이 돋아날 수 있을지 의문을 가지며 잊고 살았던 그 씨앗이 너무도 곱게 자라 그 흔적을 나에게 보여주고 있는 것이다.

사람을 감동시키는 것은 스스로 가지고 있는 열정이라고 생각한다. 열정은 전이된다. 그것을 볼 수 있는 사람과 그렇지 못한 사람이 있을 뿐이다.

다행히 사업을 하시는 분들은 사람을 판단하는 데 그리 시간이 많이 걸리지 않는 것 같다. 5년 전 그날 사장님을 위한 진심 어린 마음에서 드린 말씀들이 오랜 시간이 지난 후 또 다른 좋은 인연으로 이어지는 것은 하나의 기적과도 같다고 생각한다.

마음과 마음을 열고 나눌 수 있었던 공감, 그리고 그것을 있는 그대로 받아들이고 연락을 준 그 고객과 같은 분들을 통해 나는 또 하나의 감동을 선물 받는다.

　고객을 반하게 하는 것은 포장이 안 된 순수함이다.

4

새벽 2시에도 만날 수 있나요?
• 어느 기자와의 만남

"위대함은 미래의 것이 아닌 현재의 것입니다. 그것은 개인의 지위와 관계없이 이루어질 수 있는 것입니다. 위대해지기를 원하는 사람은 현재의 위치에서 그 가능성을 찾도록 하십시오. 우리의 도시에 더 많은 길과 더 많은 인도, 더 좋은 학교, 더 나은 행복과 더 나은 문명의 길을 열어준 사람은 언제 어디에서든 위대한 사람이 될 수 있습니다. 만약 당신이 위대해지길 원한다면, 현재 어떤 위치에 있든 그 위치에서 시작해야 함을 명심하십시오."
- 오그 만디노

사람과 관계를 설정하는 경우에는 그 사람의 속을 들여다보지 않으면 알 수 없는 것들이 많다. 하지만 감동을 주는 행동이나 말들은 결국 나에게 다른 형태로 행운을 가져다줄 수 있다. 그렇기에 사소한 일이라도 진지하게 대하는 것이 중요하다는 사실을 알아야 한다.

아주 바삐 생활하는 기자 한 분을 소개받았다. 수차례 전화 끝에 잠시 통화를 할 수 있었다.

내가 하는 일을 얘기하고 잠깐 뵙고 싶다고, 그 기자분의 여유 시간을 물었더니 잠시 머뭇거리다가 하는 말이, "혹시, 새벽 2시에도 만날 수 있나요?"라는 것이었다. 나는 즉시 대답했다.

"물론이죠. 어느 날 새벽 2시에 뵐까요?"

"모레, 국회의사당 정문 앞에서 뵈면 좋을 듯합니다."

"네, 그럼 내일모레 국회의사당 정문 앞에서 새벽 2시에 뵙죠."

새벽은 당연히 나에게 약속이 없는 시간이다. 그리고 그 시간에 일을 하지는 않지만, 그래도 그날따라 가보고 싶었다.

그렇게 통화를 끝내고 '이거 약속이 제대로 된 거 맞아?' 하는 느낌이 들었다. 그러나 내게는 소중한 약속이었기에 믿고 새벽 2시 전에 국회의사당 앞에 도착해서 이 특별한 미팅을 기다렸다. 재미있다는 생각도 들었다.

정해진 약속 시간이 되어 그 기자분께 전화를 드렸다. 그런데 몇 번 전화를 해도 통화가 되지 않아서 약속에 이상이 있는 것 같다는 느낌이 들기도 했고 화도 났다. 그래서 마지막으로 한 번만 더 전화를 걸어보기로 했다. 그런데 마침 통화가 되어 정문에서 그를 만난 시간이 새벽 2시 20분. 나를 만나자마자 첫마디가 "정말 오셨군요."였다. 나는 "당연히 와야죠. 약속이니까요."라고 대답했고, 그렇게 인연이 된 그 분은 모 신문사의 정치부 기자였다. 그 즈음이 정기국회 회기 중인 데다, 심야까지 국회가 진행되던 특별한 시기였던 것이다.

"정말 이 시각에 이리 찾아올 줄은 생각지 못했습니다."

"이 약속은 나에겐 너무나 소중한 약속이었고, 전 기자님을 믿고 싶었습니다."

이런 나의 말이 작은 감동을 준 듯했다.

어두운 새벽에 하는 상담치고는 많은 시간이 걸렸다. 상담을 마친 시각이 새벽 4시쯤이었다. 다리에 힘이 하나도 없었다. 입에서는 침이 말라 물도 마시고 싶었다.

집으로 돌아오는 길에 몸이 무거워지는 것을 간신히 참고 아파트 입구를 들어서는 순간 배달된 신문과 우유를 보면서 참 긴 하루를 경험했다는 생각이 들었다. 다른 사람들이 일을 시작하는 시간에 하루의 일과를 마친다는 것이 쉬운 일이 아님을 또 한 번 느꼈다.

이러한 내 행동이 결국은 큰일을 내고 말았다. 작은 약속을 대하는 태도와 마음가짐에 깊은 감사를 표하면서 그 기자분은 주변에 많은 지인들을 소개해주었고, 지금까지 대략 30여 명의 고객을 그분의 소개로 인연을 맺었다.

내가 특별히 한 것은 무엇일까? 스스로 자문해보면 특별한 것은 없었던 것 같다. 그렇게 해서라도 꼭 만나고 싶다는 간절한 마음뿐이었다.

하늘은 스스로 돕는 자를 돕는다고 한다. 나의 시간을 조금 희생했던 것이 그보다 훨씬 더 큰 보상으로 내게 되돌아오는 것을 나는 이때 경험하였다.

세일즈를 하는 과정에서 가장 많이 느끼게 되는 것은 선입견을 갖지 않아야 한다는 사실이다. 외모를 보고 그 사람을 판단하는 우를 범하는 것은 사과 상자 속에 들어 있는 아주 많은 또 다른 사과를 송두리째 놓치는 결과를 가져온다는 사실을 기억해야 한다.

5 퀵 배달된 명함
• 세심하게 고객을 위하는 방법

집념이 있는 자는 가능으로 발상하고, 집념이 없는 자는 곤란으로 발상한다.

고객과 상담하는 과정에서는 나의 태도 하나하나가 판매에 결정적인 영향을 미친다. 그렇기에 아주 사소한 것이라도 바른 태도를 보여야 하고, 세심하게 배려하는 인상을 주어야만 한다.

빼곡한 스케줄을 정신없이 소화하고 있던 어느 날 오후였다. 그날도 몹시 바쁘면서도 육체적으로 지친 하루였다. 오전과 오후에 걸쳐 몇 건의 상담이 이루어졌다.

이른 저녁 시간에 이루어진 마지막 상담이었던 것으로 기억한다. 나와 만나는 모든 분들이 나에겐 소중하다고 여기기에 항상 상담 과정에서 최선을 다하려 한다. 약속 시간에 먼저 도착해 잠시 호흡을 가다듬을 때였다. 내 옆에 다가선 인기척에 고개를 들었다.

선한 얼굴에 그냥 느낌이 편안한 40대 초반의 남성분이었다. 가볍게 인사를 나누고 명함집에서 명함을 꺼내려는 찰나, 명함이 다 떨어져버린 것을 확인했다.

순간 당황스러웠지만 오늘 상담이 많아 명함이 떨어졌음을 양해를 구했다. 그런데 이분에게는 왠지 최대한 예의를 차리고 싶은 욕심이 생겼다. 좋은 첫인상 탓이었다.

잠시 양해를 구하고 자리에서 물러나 사무실 스태프에게 전화를 걸었다. 그리고 내가 상담을 하고 있는 장소를 알려주고 명함을 퀵 배달로 보내줄 것을 요청하였다. 다행히 상담 장소가 사무실에서 아주 먼 거리가 아니어서 상담이 끝나기 전에 도착할 수 있을 듯하였다.

첫 느낌처럼 편안하면서도 진솔한 상담을 마쳐갈 즈음 카페로 들어서서 두리번거리는 퀵 배달맨을 발견하고, 조용히 손을 들어 명함을 건네받았다. 상담 중이던 고객에게 정중히 다시 인사를 하고 명함을 건네자 이분께서 놀라워하면서도 호탕하게 웃는 것이 아닌가. "참 고맙기도 하고 당신 참 특이한 사람입니다."라고 말했다.

우리는 그 작은 사건으로 인연을 맺었다. 그 첫 느낌으로 오랜 시간이 지난 지금도 언제나 진심으로 응원해주는, 나에게는 둘도 없는 소중한 고객이다.

객기라고 치부해버릴 수도 있는 사소한 일이다. 하지만 그때의 나의 사소한 행동이 그분에게는 큰 감동을 줬던 것이다. 사람을 감동하게 하거나 반하게 만드는 것은 큰 선물이 아닐 수도 있다는 것을 알게 된 시간이었다.

　세일즈는 나를 드러내는 데 세심하게 고객의 반응을 살펴야 할 때가 있다. 이는 사람의 나이에 따라 다른 것이 아니라 성향에 따른 차이라고 할 수 있다. 같은 행동이라도 사람에 따라 반응하는 것이 다르기에 우리는 작은 몸짓이라도 그것이 미칠 영향을 고려해야 한다. 바로 의외성이다.

6

허브 hub
• 우리는 인연을 맺어주는 사람이다

"관계, 이것은 절대적으로 존중받아야 하는 것이다."
- 피터 드러커

세일즈를 한다는 것은 사람의 마음을 사는 것과도 일맥상통하는데, 그 물건을 팔기 위해 정해진 프로세스를 밟는 것도 중요하지만 그 외적인 것에서 시작하여 종국에는 사람의 마음을 얻는 것으로 귀결되는 경우도 많다.

대학에서 법학을 전공하고 금융기관에서 채권 관리 업무를 맡아서 하다 보니 자연스럽게 일상에서 벌어지는 법과 관련된 일에 관해 조언을 하는 것이 지금의 일과 연관되어 하나의 영업적인 팁으로 자리 잡았다.

물론 법률 대리인으로서의 자격이 있지 않기에 간단하게 혼자서 할 수 있는 분야를 제외하고는 변호사의 조언을 얻도록 하지만, 의외로 간단한 조치만으로 원하는 결과를 얻을 수 있을 때가 많다. 그래서 이를 위해 실무서를 보는 일도 가끔 있다.

2002년부터 고객이 된 어느 여자분의 일이다. 물론 남편도 고객이고 아들이 태어나는 과정도 보고 그 아들이 자라는 시간도 함께하면서 그 가족의 희망을 키워가는 이야기를 듣는 걸 매우 흥미롭게 여기고 있었는데 나에게 다음과 같은 걱정을 털어놓았다.

그 가족의 집은 흔히 연립주택이라고 부르는 빌라였는데, 전세 만료 기간인 2년이 거의 다 되어가고 있었다. 전세 보증금과 약간의 대출을 받아 집을 구입할 계획을 가지고 있었고, 이를 위해 전세 기간 만료 후에는 보증금을 돌려달라고 집주인에게 사전에 통보를 한 상태였다.

우리나라에만 있는 제도가 전세 제도이다. 하기에 이 전세와 관련된 분쟁도 많기 마련이다. 이 가족의 걱정은 전세 보증금을 제때에 돌려받지 못해 구입하려고 하는 집의 중도금과 잔금을 치르지 못할 경우 이를 어떻게 해결해야 할지에 대한 것이었다.

당시에 이 가족이 살고 있는 집의 주인은 많은 부채로 인해 집을 압류당한 상태였고 연락도 잘 되지 않고 있었다. 도와줄 수 있는 방법을 찾아 서류를 작성하고 법원에 서류를 접수하는 모든 절차를 알려주면서 흐르는 시간을 가슴 졸이며 기다린 끝에, 경매 절차를 통해 자신이 살고 있는 집을 낙찰받을 수 있게 되었다.

이를 다시 되팔아 구입할 집의 모든 중도금과 잔금을 치르고도 약

500만 원 정도를 남길 수 있었다. 그분은 내게 감사하다는 말과 함께 언니와 형부를 소개해주기도 하였고, 이를 계기로 그 가족들이 모두 고객이 되었다. 이때 느낀 뿌듯함은 이루 다 말할 수 없다.

고객과의 상담을 통해 한 사람이 가진 성격과 재정적인 상황을 너무나 잘 알게 되기에, 어느 순간엔가 좋은 사람들끼리 소개를 해주는 것도 내 일 중에 하나가 되어간다. 물론 서로 다른 사업을 하는 사람들의 소개일 수도 있고, 장사를 하시는 분들에게 물건을 소개해주는 경우도 있다.

이는 어쩌면 세일즈라는 직업이 가지고 있는 특성일 수도 있으며, 직업적인 덤이라고도 할 수 있다.

사람의 손을 보면 다섯 손가락이 길이와 굵기가 모두 다르다. 고객과의 관계도 사람의 손가락의 길이만큼 느낌이 다를 수밖에 없는 것은 인연의 크기에 따른 결과 같다. 나에게는 너무나 좋은 느낌으로 지속적으로 관계를 맺고 있는 고객들이 있다. 함께 기뻐했던 일, 너무 가슴 아파 함께 부둥켜안고 울 수밖에 없던 일도 있다.

그 중에 중매쟁이로서 세 쌍의 결혼을 이끌어낸 얘길 잠깐 하려 한다. 주변에서는 나보고 죽어서 좋은 곳에 갈 거라고 말하기도 한다. 물론 이러한 일들 때문일 수도 있다.

많은 미혼 남녀 고객을 알다 보니 자연스럽게 성격이 잘 맞을 것 같은 분들을 서로 소개해주는 일이 생기게 마련이다. 물론 고객들이 거절하지는 않으니 기회를 갖는 셈이다. 항상 좋은 결과가 있는 것은 아니지만, 또 때로는 실망스런 결과를 듣기도 하지만, 여하튼 세 쌍의 커플이 생겼다는 것은 스스로도 대단한 일이라고 생각한다.

　세일즈를 하기 전에 다녔던 전 직장에 내가 참 좋아하는 후배가 있었다. 그런데 이 후배는 일찍 결혼하는 것과는 인연이 없었던지 늦은 나이까지 결혼을 하지 않고 있었다. 우연히 계기가 되어 내 고객인 여성분을 소개해주었다.

　그 여성 고객은 3년 전에 나와 인연을 맺은 분으로, 처음에 보면서 참 좋은 인상을 받았다. 물론 이 여성 고객도 좋은 인연이 될 사람이 있다면 꼭 소개를 해주고 싶은 분이었다. 기회가 되어 그 여성 고객과 이것저것 사람 사는 이야기를 나누던 중 후배를 소개해주어야겠다는 생각이 들어 바로 그 자리에서 약속을 정하고 두 남녀가 만날 수 있도록 주선을 했다.

　그 이후는 별도로 챙겨주지는 않았다. 또 어떻게 되었는지 이후의 상황을 묻지도 않았다. 왜냐하면 이것이 중매쟁이로서 나의 원칙이기 때문이다. 그래야 소개해준 두 사람 모두 내게 부담을 가지지 않을 것이라는 생각을 하고부터는 그렇게 하고 있다.

　두 사람의 만남이 어찌 진행되고 있는지 전혀 모른 채 몇 개월의 시간이 흘렀다. 그러던 어느 날 늦은 저녁 시간에 그 여성 고객의 휴대폰 번호가 표시된 전화를 받게 되었다. 너무 늦은 시각이라 "혹시 신변에 무슨 일이 생긴 것이 아닐까?" 하는 생각이 들기도 했지만 아무 일 없다는 듯 밝게 전화를 받았다. 그런데 들려오는 전화 목소리가 내 고객의 목소리가 아닌 남자 목소리라 순간 당황하였다. 그리고 누구시냐고 여쭈니 약간 취기가 있는 목소리로 "축하해주세요. 우리 날 잡았어요."라는 것이 아닌가.

잠시 생각하니 내 후배의 목소리였다. 여러 생각들이 오갔다. 물론 그 순간 짜릿한 느낌마저 들었다. 정말 축하해주고 싶은 한 쌍의 커플이 탄생된다는 연락이었던 것이다.

청첩장을 받고 중매쟁이라고 양복도 선물 받았다. 시간이 흘러 결혼식에 참석했고, 신혼 여행 다녀온 신혼 부부의 집에 가장 먼저 초대되어 우리 가족과 함께 방문하기도 했다. 그리고 두 사람의 사랑의 결실로 맺어진 아이의 임신 소식도 가장 먼저 알게 되었다. 진정 내 일처럼 축하해주고, 출산일이 가까워서는 함께 걱정해주고 기도도 했다. 얼마 전 건강하게 아들을 출산했다는 소식을 듣고 너무 기쁜 마음에 아가의 옷을 장만해 전달해주었다.

이 모든 것이 나에겐 행복한 마음을 갖게 해준다. 그리고 더욱 고마운 것은 내게 평생 가슴속에 간직할 의미 있는 문자를 보내준 것이다.

"내 인생에 정말 소중한 선물 두 가지를 주셔서 너무 감사합니다. 그 중 하나는 영원히 사랑하게 될 남편과 또 하나는 얼마 전 출생한 내 아들이에요."

그날 내내 그 문자를 열어보고 또 열어보았다.

난 너무나 행복한 사람이다.

상품만을 파는 세일즈는 참 재미없을 것 같다. 그런데 나랑 인연을 맺은 고객 한 사람, 한 사람과 오랜 시간 관계를 만들고 서로 나누고 함께하다 보니 훨씬 더 큰 의미와 기쁨을 공유하게 되고, 이것이 지금의 나를 행복하게 하는 원동력이 된다.

내가 고객들에게 주는 것은 보이는 것이 다는 아니다. 그보다 더 큰 것은 함께 공유하고 나눌 수 있는 무형의 그 무엇이다. 때로는 중개인이 되기도 하고, 때로는 짐꾼이 되기도 하고, 때로는 다른 사람의 영업을 대신 해주기도 하면서 고객의 인생에 일부 참여할 수 있는 기회를 가질 때 비로소 내가 설 자리를 돌아보게 되는 것은 세일즈가 가질 수 있는 묘한 매력이기도 하다.

"혹시 주변에 이러이러한 사람이 있으신가요?"

"제가 이런 사업을 시작하는데 당신의 고객들에게 소개를 좀 해주실 수 있으신가요?"

"몇 일에 제주도에 가는데 혹시 숙박을 알아봐주실 수 있으세요?"

"중고차 매매하는 분 잘 알고 계신가요?"

이처럼 종류도 다양한 부탁을 받으면서 서로 다른 직업을 가진 분들을 알아봐주고 중간에 연결해주고……. 이런 일은 많은 책임감을 갖게 하지만, "지난번에는 고마웠습니다."라는 한마디에 수고스러움을 모두 없앨 수 있기에, 가끔은 "나는 자전거 바퀴의 바퀴살 가운데 있는 허브(hub)입니다."라고 말하기도 한다.

각각의 바퀴살이 고객이라면, 나는 그 고객들 가운데에서 무게중심을 조절해주는 허브이다. 더욱 많은 바퀴살이 만들어지면서 그 바퀴

또한 튼튼해지는 것은 모든 고객에게도 많은 도움을 줄 수 있다는 의미가 아닐까.

그래서 나는 이 바퀴살을 많이 만들어가야 하고, 고객은 튼튼한 바퀴로 유지될 수 있도록 항상 내게 또 다른 필요를 요청하게 되는 것이다. 이것이 진정 세일즈의 마력이다.

이것은 관계의 미학이다. 그래서 오늘도 이런 수고를 차청하고 나서는 나를 보면서, 모든 것은 다 쓸모가 있다는 생각을 다시금 해본다.

7 앵벌이
• 깁스를 하고 세일즈하던 나의 3개월 고군분투기

"성공으로 가는 엘리베이터는 고장이다. 그러나 계단은 항상 열려 있다."
- 지그 지글러

흘러간 시간들을 되돌아보면 당시에는 고통스러웠던 일도 시간이라는 진통제를 맞아 추억으로 되뇌어지는 경우가 종종 있다. 세일즈를 시작한 초기, 한쪽 팔 전체를 깁스하고서 3개월을 활동하였다. 이때는 비 오는 날이 제일 싫었다. 우산 들 손이 없었기 때문이다. 누군가에게 나를 도와달라고 부탁을 해야 했으니 참 한심스러운 꼴이었다. 그러한 상황에도 불구하고 세일즈를 막 시작해서인지 곧잘 계약을 이끌어내었고, 실적을 표시하는 현황판에 그 결과물을 붙여놓을 수 있었다.

그러던 어느 날, 선배 한 분이 나에게 다가오더니 "너 앵벌이하고 있지?"라고 말했다. 이를 듣고 있던 동료 선후배들이 그 말이 재미있었는지 나에게 앵벌이라는 별명을 붙여주었다. 나쁜 의도가 아니었던 것을 나는 알고 있다. 한편에서는 나의 모습이 측은해 보여서 그런 말을 한 것도 나는 안다.

아침 일찍부터 여러 차례의 상담을 하다 보면 체력이 떨어지는 데다 시간이 흐를수록 깁스를 한 팔의 무게가 돌덩이를 얹은 듯 무거움이 더해갔다. 이러한 육체적인 고통 때문에 상담 중에도 고객에게 양해를 구하고 깁스를 한 왼팔을 테이블 위에 올려놓곤 했다. 그 모습을 상상해보면 모르는 사람들에게는 무언가 협박하는 듯이 보였거나, 무언가를 강압적으로 요청하는, 꼭 앵벌이의 모습이었을 것 같다.

깁스를 했던 3개월을 지금도 기억해주는 고객들이 있다. 물론 그때 만나 상담했던 고객들이다. 그 인연으로 오랜 시간 고객과 담당 세일즈맨으로서의 관계를 지속하며 지금까지 함께하고 있다. 시간이 흘러 그들에게 물어보면 한결같이 하는 말들이 있다.

"그때 말이죠, 솔직히 많이 우스운 상황이었거든요. 그런데 당신이 너무나 진지하게 이야기를 해서 도저히 그 모습을 우습다고 표현하지 못했습니다. 사실은 영락없는 앵벌이였어요."

앵벌이라는 것이 그리 좋은 말은 아닐 수도 있다. 그 의미가 무엇인지는 독자들도 알 것이다. 하지만 앵벌이같이 보였는가 그렇지 않은가는 내게는 중요하지 않다. 또 달라질 것도 없다. 그것이 무엇이 그리 중요하겠는가. 내가 고객에게 하고 싶은 이야기를 했다는 사실과 그분들이 나의 고객이 되어 지금까지 나와의 인연을 소중하게 생각하고 있다는 사실이 내게는 중요할 뿐이다.

열정은 세일즈를 하는 사람이라면 부적같이 가지고 다녀야 할 소지품과 같다. 어느 날 이 소지품이 내 품속에서 달아나는 순간 세일즈는 실패의 확률이 높아진다. 물론 새로운 열정을 다시 내 품속으로 집어넣을 수 있다.

하지만 그렇게 하기 위해서는 과거의 열정적인 모습을 복기한 후 그와 같은 노력을 들이겠다는 각오와 실천이 필요하다. 그런 과정에서 많은 대가를 지불해야만 비로소 내 품속에 다시 소지할 수 있는 것이 바로 열정이다.

8 뜻하지 않은 휴가
• 특별한 장소에서의 귀한 만남

실패하는 사람은 거친 파도를 보고, 성공하는 사람은 그 너머의 대륙을 본다.

세일즈를 하는 과정에서는 반드시 사람들과의 관계를 생각하게 된다. 그 관계는 내가 만드는 것이 아니라 고객이나, 또는 어떤 계기를 통해서 형성되는 경우가 대부분이다. 그렇기에 예정되어 있다는 말은 세일즈에서는 통용될 수 없다. 결국 예정되지 않은 만남을 누군가 만들어주면서 세일즈는 시작된다.

어느 해 여름이었다. 고객의 소개를 통해 삼남매 중 한 가정의 부부와 인연을 맺게 되었다. 내가 그 부부에게 믿음을 주었는지 선뜻 동생네 가족을 소개해주고 싶어했다.

동생 내외를 소개해준다는 말을 하면서도 자꾸 머뭇머뭇하기에 무슨 문제가 있느냐고 물으니 못내 미안해하며 "제 동생이 제주도에 있어요. 게다가 배를 타고 들어가셔야 볼 수 있는데 어쩌죠?"라고 했다. 그러자 "다른 사람은 말고, 선생님을 소개시켜드리고 싶은데요."라는 것이 아닌가.

망설임 없이 나는 대답했다.

"무슨 말씀이세요. 동생분이 어디에 계시든, 그게 무슨 문제가 되나요? 가서 뵙고 오면 되죠."

그러자 그분, 반겨하신다.

"정말이세요? 가실 수 있으시겠어요?"

"물론이죠. 무조건 뵈어야죠."

"그럼 부탁드려요."

알려준 번호로 연락을 했다. 동생분도 미리 연락을 받은 상태라 반갑게 맞아주었다.

그러고는 대뜸 하는 말이, "정말 오실 수 있으신가요?"

약간은 의심하는 말투였다.

"당연히 내려가야죠."

밝은 목소리로 답했더니 미안해서인지 다시 만류하는 듯한 목소리로, "그러지 마시고 언제 서울 올라가게 되면 연락 드릴게요."라고 했다.

나는 그렇게 하면 안 되는 이유를 설명하고, 직접 내려가서 뵙겠다고 하고 전화기를 내려놓았다.

그로부터 일주일 후 비행기를 타고 제주공항에 도착하여 하루에 한 번 있는 연락선을 타고 동생분 내외가 살고 있다는 섬으로 향했다. 선착장에 나와 기다리고 있던 동생 부부가 먼저 나를 알아보고는 가족만큼 반갑게 맞아주었다.

세 시간 정도의 상담을 끝내고 유일한 육지와의 교통 수단인 배편을 이용하고자 집을 나서는데, 이 동생분이 조심스럽게 말했다. "정말 고맙습니다. 이리 안 내려오셔도 되는데……."라며 미안해했다. 처음에 뱃머리에 있던 나를 보고는 놀라움과 미안함이 교차했다고. 그러면서 너무 미안하니 하루 자고 가면 안 되겠냐고 물었다.

거절할 수 없는 부탁 같은 느낌이 들어 그렇게 하겠다고 하고, 다시 집으로 발걸음을 돌렸다. 웃으신다. 참 해맑게 웃고 있는 부부를 보면서 잘했다는 생각이 많이 들었다.

정성스럽게 차려준 음식과 멋진 풍광 그리고 순수한 인심을 한껏 안았다. 실로 오랜만에 느껴보는 따스함이었다. 늦은 시각까지 많은 얘길 나누고 잠자리에 들었다.

다음 날, 부부는 소박하면서도 따뜻한 아침식사에 간단한 선물까지 챙겨주었다. 밖을 나가보니 바람이 너무 거세게 불고 있었다. 불안했다. 풍랑주의보란다. 배편도 끊기고 어찌할 수 없는 상황이 닥치니 부부가 더 미안해했다. 어제 붙잡지만 않았어도 가실 수 있었을 것이라고 너무너무 미안해하는 것을 간신히 달래드렸다.

그날부터 이틀을 더 섬에서 뜻하지 않은 휴가를 보냈다. 물론 이미 약속된 일정을 조정하느라 힘들긴 했지만 평생 잊을 수 없는 여름 휴가였다.

그보다 더욱 행복했던 것은 진정 가족 같은 느낌을 갖게 해준 그 고객들과 인연을 맺은 것이다. 아주 특별한 인연을 말이다.

매년 여름이 오고 풍랑주의보니, 태풍이니 하는 기상 예보를 들을 때면 자연스럽게 그때를 떠올리게 된다. 흐뭇해지는 순간들이다.

항상 세일즈를 머릿속에 그리면서 사는 세일즈맨이라는 생각을 잊어본 적이 없다. 하지만 그 세일즈의 본질은 관계라고 본다. 그렇다면 어떻게 관계를 맺고 그 시작에 의미를 두느냐는 세일즈를 하는 사람들의 생각의 근간이라고 할 수 있다.

위에서 예로 든 것처럼 소중한 인연으로서 사람과의 관계에 더 많은 의미를 둔다면 우리가 하는 일은 매번 새로운 즐거움과 인연을 선사해준다는 점에서 참 매력 있는 일이 아닐 수 없다.

물론 덤으로 훌륭한 휴가까지 선사받는다면 더할 나위 없이 좋지 않겠는가.

"나를 좀 만나주세요."라고 말하는 고객들이 또 어딘가에 숨어 있을 것 같지 않은가?

9

아이모나디아
- 정말 도울 수 있다는 확신의 힘

용기는 두려움의 산물이다. 두려움이 없다는 것은 용기를 발휘할 필요가 없다는 이야기와 같다. 인생은 두려움의 연속이어야 한다. 그것이 삶을 슬기롭고 용기 있게 살게 하기 때문이다.

골프 평론가로 잘 알려진 버너드 다윈은 이런 표현을 한 적이 있다.

"비기너(beginner)의 큰 결점은 좋아하는 샷만을 연습하고, 싫어하는 샷을 연습하지 않는 데 있다."

세일즈도 마찬가지라고 생각한다.

사람들이 원하는 것을 필요할 때를 기다려서 판매하는 것만이 세일즈는 아니다.

내가 말하고 싶은 세일즈는 용기를 내는 세일즈이다. 이것이 자신을 더욱 강건하게 만들기 때문이다.

너무도 잘 알려진 《시크릿(Secret)》이라는 책은 무에서 유를 창조하는 이야기로 전체가 잘 구성되어 있다. 이 시크릿 같은 고객이 내게도 있다. 이분을 처음 만난 날을 시간이 흐른 지금도 잊지 못한다. 아니 평생 잊지 못할 것이다.

무더운 한여름, 고객의 소개를 받아 레스토랑(아이모나디아)을 운영하고 있는 사장님 한 분을 만났다. 순수함도 묻어 나오지만, 외모와 말투에서 왠지 모를 힘이 느껴지는 분이었다. 처음 만나는 자리였지만 개인적인 많은 얘길 나누었던 것 같다. 얘길 나누면서 내 머릿속을 떠나지 않는 무언가가 있었다. "이분을 위해 내가 할 수 있는 최선은 무엇일까?"라는 것이었다.

내가 무엇인가를 해드리려면 이분에 대해서 더 많은 것을 알아야 하는데, 그 거리가 좁혀지지 않는 듯하여 시간이 갈수록 머리가 무거워진다는 느낌을 받았다. 그래서 상담 말미에 뜬금없이 이렇게 말씀드렸다.

"사장님, 마음을 여시고 내어주세요. 그러면 제가 그 이상을 드리겠습니다."

솔직히 무슨 자신감을 가지고 그리 말했는지 모르겠다. 알아야 될 것이 있어, 빙빙 돌려서 물을 것이 아니었기에 진심으로 그렇게 말한 것이다.

잠깐 생각한 후, 흔쾌히 사장님도 현재 본인의 상황을 모두 오픈해주었다. 사무실로 돌아오는 내내 책임감이 크게 느껴졌다. 그 사장님도 많은 것을 내게 이야기해주었는데, 정말 그 이상을 돌려드릴 수 있도록 최선을 다해야겠다는 생각으로 머릿속을 도배하였다.

다음 날 하루 종일 그 사장님을 위한 프레젠테이션 자료를 만드는 데 모든 시간을 할애하였다. 이리도 해보고, 저리도 해보고, 고민에 고민을 거듭하여 스스로가 납득할 수 있는 자료를 만들어 준비를 끝냈다. 최선을 다한 계획이었기에 확신이 들었다.

프레젠테이션을 하는 날, 아침부터 다시 한 번 준비된 자료를 들추어 보면서 이것이 진정 최선의 방법일까, 차분히 생각해보았다. 그래도 동일한 결론에 이르고서야 프레젠테이션을 하기 위해 출발할 수 있었다.

나는 최선을 다해서 계획들에 대해 설명을 했고, 스스로도 최선을 다했다고 느끼고 있었지만 그분은 결정을 내리지 못했다. 그 순간 여러 가지 생각이 들었다.

'시간을 주며 편히 결정하시게 할까? 아니면 결정을 하는 과정을 시간이 걸리더라도 도와야 할까?'

역시 내가 결정한 것은 후자 쪽이었다. 왜냐하면 바로 이 순간 결정하지 못하면, 이후에도 결정이 어려울 것이라 판단되었기 때문이다. 간곡히 말씀을 드렸다.

"사장님께서는 처음 본 저를 믿고 많은 것을 내어주셨습니다. 사장님의 행동에 더 큰 책임감을 갖고 짧지 않은 시간을 내어 사장님만을 위한 계획들을 준비했습니다. 확인하고 다시 확인했습니다. 그에 따른 결론이 바로 이것입니다. 아마도 확신컨대, 앞으로는 이런 상황이 쉽게 오지는 않을 것입니다. 그래서 그 결정이 미루어져서도 안 된다고 생각합니다."

　잠시 후 그 사장님은 내 의견에 동의하여 내가 제시한 계획을 수락하였다.

　짧지 않은 시간이 흐른 지금도 그때 참 잘했다는 생각이 든다. 그 이후에도 수시로 필요하다면 서로 미팅을 하였고, 만날 때마다 처음에는 무엇인가를 내가 더 드리려고 계획했지만 결국 내가 얻는 것이 오히려 더 많다는 것을 지금도 깨달으며 지낸다. 나에게는 많은 영감과 용기를 주시는 분이다.

　내가 가졌던 자신감과 '정말 도와드릴 수 있다'는 확신이 더 많은 것을 드리고 싶다는 생각으로 발전하였고, 그것을 통해 나는 더 많은 것을 얻고 사는 셈이다.

　그분은 이제 새로운 도전을 준비하고 있다. 그 과정에서 많은 도움을 주지 못했지만 그래도 곁에서 지켜보는 것만으로도 행복하고 흐뭇하다. 물론 새로운 도전에도 성공하길 기원하고 그러실 수 있다고 믿는다.

　자기확신은 그것으로 빚어지는 결과를 알지는 못하나, 좋은 결과를 가져오는 경우가 더 많다. 이는 용기와 열정이 전이되기 때문이다.

10
The Best Habit
• 꾸준함이 가진 힘

"판매를 통해 이루어진 만남을 지속적인 관계로 발전시키지 못하면 결국 그 만남은 무의미해질 수밖에 없다."
- 조 지라드

    세상에서 제일 힘든 것이 무엇인가를 지속적으로 한다는 것이다. 우리는 이것을 꾸준함이라고도 하고, 성실함이라고도 한다. 당신에게는 그런 것이 있는가? 없다면 지금부터라도 무엇이든지 좋으니 한번 만들어보기 바란다.

    나의 고객 관리 방법은 DM 발송이나 선물공세 같은 것은 아니며 또 다른 특별한 게 있는 것도 아니다. 9년 동안 한결같이 지켜온 나와의 약속 한 가지를 잊지 않고 있는 것이다.

    세일즈를 시작할 무렵 "내가 정말 잘할 수 있는 것은 무엇일까?"라는 고민을 한 적이 있다. 그리고 고객 관리이든, 특별한 세일즈 패턴이든 꾸준함이 아닐까, 라는 결론을 내렸다. 그리고 우연히 시작하게 된 것이 매일 아침에 고객이나 가망 고객과 전화하는 것이었다.

생일이나 결혼기념일을 맞이한 고객과의 아침 통화, 또는 고객으로 인연을 맺은 바로 그날 아침 시간에 축하와 감사의 뜻을 전하는 전화를 하기 시작한 것이다.

처음에는 몇 명 안 되는 인원으로 시작했지만 지금은 매일 아침 5~10통의 전화로 하루를 시작한다.

"안녕하세요. 축하합니다."

어느 정도 세월이 흐르자 내 목소리를 기억해주는 분들이 많이 생겼고, 요즘은 인사말을 건네자마자 바로 웃으면서 고맙다고 하거나 오히려 내 안부를 물어봐준다.

이 한 통의 전화를 통해 많은 기적과도 같은 일이 벌어졌다.

9년이란 시간 동안 놓치지 않고 해왔던 노력으로 신뢰라는 가장 큰 선물을 받은 것이다. 그리고 아침에 전화 통화를 하면서 또 다른 고객을 소개받는 경우도 생겼다. 물론 자신의 경제적인 상황이나 가족 상황의 변경으로 자신이 구입한 상품에 더해 추가 구매를 하는 경우도 많아졌다.

심지어는 이런 경우도 있었다.

한 고객의 상황 변화로 추가로 계약을 권유할 상황이 되었기에 자택을 방문하여 충분히 설명을 드리고 추가 구매를 권했다.

그런데 그 고객이 아무런 망설임 없이 선뜻 그리 하겠다고 했다.

계약서 서명을 한 후 물어보았다.

"내용은 충분히 이해되셨나요?"

그런데 이분이 날 빤히 보면서 이렇게 말했다.

"솔직히 모두 다 이해는 안 됩니다. 그리고 나에게 꼭 필요한 것인지도 잘 모르겠습니다. 그런데 당신이 언제 나에게 불필요한 것을 권한 적이 있나요? 필요해서 나에게 권했을 것이라는 확신이 있어 서명한 것입니다. 해마다 같은 날 거의 같은 시각에 걸려오는 당신 전화 한 통에 난 당신을 믿을 수밖에 없게 되었소. 그것이 그때의 잠깐의 요식행위였다면 모르지만, 지금껏 8~9년간 해오지 않았소. 그래서 난 당신을 믿습니다. 앞으로도 그럴 것입니다."

매일 아침마다 걸은 전화 한 통. 그것이 이런 마술을 펼쳐놓을 거란 생각을 해본 적은 없다.

물론 매일 아침 전화 통화를 한다는 것은 결코 쉬운 일이 아니다. 더군다나 오랜 기간 동안을 말이다. 그러나 세일즈 초창기에 있는 후배들에게 꼭 추천해주고 싶은 나만의 세일즈 노하우임을 확신하다. 물론 꾸준함 없는 시작은 무의미하지만 말이다.

어떠한 방식으로 고객과의 접점을 형성하든, 하는 방식에는 차이가 있게 마련이다. 이것은 꾸준한 자기와의 약속에서 비롯되며, 자신이 가장 의미 있다고 생각하는 방식으로 이루어진다. 그것이 전화나 편지가 되기도 하고, 많은 만남을 주기적으로 반복하는 것으로 실행될 수도 있다.

그러나 정작 중요한 것은 스스로 그것을 해야 한다는 다짐과, 이를 통해 꾸준히 하겠다는 자신과의 약속, 그리고 결국에는 이를 지속적으로 실천했는가의 문제로 귀결된다. 그래야 그 결과로 스스로가 생각하지 못했던 기적들이 일어나는 것이다.

선택하고 약속했다면, 실천해야 한다. 이것이 기적을 가져오는 마술이다.

한순간 빛을 발하고 스러져가는 혜성보다, 먼 곳에서도 항상 가장 밝게 반짝이는 북극성같이 세일즈하라. 바로 이 꾸준함으로 반하게 하라. 그리 하면 언젠간 반드시 큰 선물이 따라올 것이다.

11

산타클로스
• 고객에게 즐거움을 선사하라

"고객들과 밀접한 관계를 가지는 것에 마술은 없다. 단지 기본적인 관심과 시간, 노력, 열의, 그리고 그에 따른 후속 조치들이 중요할 뿐이다."
- 스탠리 골트

발상의 전환이라는 말을 가장 많이 하는 사람들이 발명가이다. 물론 사업을 하는 사람들 중에도 자신의 사고의 틀을 일반인과 차별화한 결과 사업적 성공을 거둔 사람들이 많다.

세일즈맨의 외모가 사람들에게 첫인상의 느낌을 강하게 형성해주기에, 정장에 깔끔하게 정제된 외모를 하는 것이 기본으로 알려진 매뉴얼이다. 심지어는 명품으로 자신을 도배하는 사람들도 심심찮게 본다. 이제부터 발상의 전환을 이야기해보려 한다.

매해 11월이 되면 난 산타클로스가 된다.

세일즈를 통해 많은 고객과 인연을 맺었다. 그런데 언젠가부터 말

못할 고민이 생기기 시작했다. 해가 바뀌어가는 과정에서 나와 체결한 계약들을 보면서 고객과 애뉴얼 리뷰를 하는 것을 당연하다고 생각하며 고객과 통화를 하고 방문하여 이야기 나누는 것이 일상이 된 어느 날이었다. 문득 고객들에게 이러한 내 모습이 무엇인가 추가적인 구매를 이끌어내기 위해 하는 의도적인 행동으로 비추어질 수 있다는 생각이 들었다. 내 순수한 생각과는 달리 일부 고객이 나와의 만남에 부담을 가지고 나를 피한다는 느낌을 받게 된 것이다. 이 일로 인해 나는 많은 것을 생각할 수 있었다.

이 상황에 대한 인식은 내게 충격이었다. '내가 만약 고객의 입장이라면 어떻게 해야 부담이 최대한 덜어질 수 있을까'에 대한 답을 찾았다. 그리고 내린 결론은 "내 모습이나 자세부터 바꿔 편하게 다가가보자."였다.

나는 매년 10월에서 11월 말이면 한해 세일즈 마감을 하였다. 11월부터 그 해 말까지 나는 캐주얼한 복장으로 세일즈와 관련된 자료 없이 편히 고객을 만나고 지냈다. 커다란 배낭을 메고 고객의 사무실이나 자택을 방문했다. 항상 정장 차림에 오피스 가방을 든 모습만을 보던 고객들이 의아해하면서도 반가이 맞아주었다. 내가 깬 틀로 인해서 즐거워했다.

그리고 커다란 배낭 안에서 선물을 끄집어내었다. 선물은 값비싼 것은 아니다. 내가 제작한 다음 해 캘린더와 자그마한 포켓 수첩이다. 커다란 배낭에 무엇이 들었을까 궁금해하던 그분들이 그것을 전해 받고 고맙다고 인사하는 모습을 보면서 즐거웠다. 고객들은 "산타클로스가 선물 꾸러미 둘러메고 다니는 것 같아요."라고 말했다.

고객을 전부 만나지는 못하지만 이런 연말의 작은 이벤트가 해를 거듭할수록 자리를 잡아가고 있는 듯하다. 난 산타클로스라는 기분으로 올해도 역시 같은 일을 할 것이다.

지금도 고객들께 이런 감사의 소리를 듣는다.

"항상 그 자리에 밝은 모습으로 지키고 계셔서 고마워요."

20년, 30년, 그 이상 지금의 모습으로 산타클로스가 될 수 있다면 내 인생 유종의 미를 거둘 수 있지 않을까 생각한다.

고객은 많은 것을 기대하거나 확인하지 않는다. 언제나 찾으려고 할 때 곁에 있으면서 자신과의 약속을 지켜주길 기대하는 것 이상은 없다고 본다. 그 모든 과정에서 결국 실수하고 실망을 주는 것은 세일즈맨이며, 이것을 빠른 시간 안에 깨닫는 것이 오래 일을 할 수 있는 비결이다.

작은 발상의 전환으로, 웃음으로 고객을 즐겁게 하는 것도 반하게 할 아주 좋은 기회가 된다고 말하고 싶다.

Chapter 3

끈기에 반하게 하라
– 상처 속에 피는 희망

세일즈세계
제 ① 의 법칙

1 동행
• 절박함의 미학

"세일즈맨에게 압력이 가지는 의미가 중요한 게 아니라 그 순간 고객이 어떻게 느끼는지가 중요하다. 어떤 고객은 당신이 사야 하는 두 번째 이유를 제시하면 심기가 상당히 불편해질 수도 있다. 반면 어떤 고객은 바로 그 두 번째 이유에 반색을 표하며, 자신의 일에 열정적일 뿐 아니라 상품이 고객에게 혜택을 준다는 열렬한 확신을 갖고 계속해서 판매하려고 노력하는 당신의 모습을 즐겁게 지켜보기도 한다."

- 지그 지글러

세일즈 과정에 가족이 함께 간다는 것이 보편적이지는 않다. 하지만 어쩔 수 없이 가족이 함께 가야 하는 상황이 발생한다면 내 모든 것을 보여주는 듯하여 한편으로는 불편하기도 하고, 한편으로는 내가 하는 일에 대하여 진지하게 보일 수 있다는 자긍심도 갖게 된다.

지금도 그때를 생각하면 한숨과 함께 마음 한켠에 가슴 찡함이 밀려온다. 세일즈를 시작한 첫 달, 왼쪽 팔목에 심한 골절상을 당했다. 왼쪽 어깻죽지까지 통으로 깁스를 해야 한다고 의사가 말했다. 난감했다. 이제 막 시작하는 세일즈 초년생에게는 너무도 큰 장애물이었다.

한쪽 팔을 깁스한 탓에 양복 상의도 입지 못한 채 상담을 다녔고, 비마저 내리는 날엔 우산을 들 손이 모자라 옆에 누군가가 동행을 하며 그렇게 7월의 한여름을 고군분투했다.

늦은 저녁 사무실로 돌아와 그날 상담했던 자료를 놓아두고 오늘 만난 고객들과 다음 프레젠테이션을 어떻게 할 것인지에 대하여 고심하던 중이었다. 처음 세일즈에 입문하면 당연히 지인으로부터 누군가를 소개받게 된다. 물론 지인 또한 소개를 해줄 만한 충분한 가치가 있을 때에만 이를 허락한다.

그날 상담을 한 분은 내 지인으로부터 소개받은 분이었고, 최근 결혼한 신혼 부부였다. 2차 프레젠테이션은 자택에서 하기로 약속했고, 이는 여러 가지를 고려한 결정이었다.

늦은 저녁 사무실에 있던 선배 한 분이 다가오더니 오늘 상담이 어땠는지 물었다. 내게 그날의 상담에 대한 조언을 해주기 위해 여러 가지를 물어본 후에 소개받은 분의 가정으로 프레젠테이션을 위해 간다면 가족과 함께 가는 것이 도움이 된다고 말했다. 나는 그 말을 믿고 내 아내와 아들과 함께 가기로 마음속으로 결정했다. 가족이 함께 간다면 판매를 종결하는 데도 도움이 될 수 있을 것이라는 조언이었다.

약속한 프레젠테이션 날짜에 아내와 다섯 살 된 아들과 함께 깁스한 모습으로 그 댁에 도착했다. 가족이 함께 간다는 사실을 고객은 알지 못하고 있는 터라, 아파트 주차장에서 전화로 "제가 운전을 할 수 없는 상황이라 아내와 아들과 함께 오게 됐는데 같이 올라가도 좋을까요?"

라고 양해를 구했다. 고객은 괜찮다고 하며 올라오라 했다.

남편분만 먼저 만난 터라 부인과 조금은 어색한 인사를 나누고 프레젠테이션을 시작했다. 내 곁에는 아내와 아들이 앉아 있는 상태로 한 시간 정도가 흘렀다. 내가 말할 수 있는 부분은 끝을 보이고 있는데 이 부부는 어떤 반응도 보이지 않았다. 구매를 할지에 대한 어떠한 내색도 없었다. 그리고 어색한 시간이 잠시 흐른 뒤 이렇게 말했다.

"잘 들었어요. 오늘은 결정 못할 것 같습니다. 그러니 다음에 연락드릴게요."

당황스러웠다. 나는 충분하게 설명을 잘했다고 생각했고, 구매 의사가 있다고 판단하였기에 별 의심 없이 계약서에 서명을 요청했는데 그것은 나의 착각이었다. 한여름에 내 곁에 앉아 묵묵히 남편의 상담 과정을 지켜본 아내와, 많이 졸렸던지 아내 옆에서 비스듬히 앉아 졸고 있는 아들. 머릿속에서는 "안 돼. 이대로 물러설 수 없어."라고 계속 신호를 보내왔다. 정말 절박한 심정으로 고객이 결정을 연기하려고 하는 것을 설득에 설득을 거듭하였다.

두 번째, 세 번째. 또다시. 꽤나 시간이 흘렀다. 지금 생각해도 당시를 회상하면 식은땀이 날 지경이다. 내 절박한 마음이 고객에게 전달되었는지 냉랭하던 부부의 마음이 조금씩 움직이는 것 같은 느낌이 들었다. 용기를 내었다. 정말 벼랑 끝에 서 있는 듯한 마음으로 클로징했다. 그리고 팽팽한 줄다리기도 그제서야 끝이 났다.

서류 작성을 끝내고 인사를 나눈 후 시계를 흘끔 보니 네 시간이 흘러 있었다. 아예 드러누워 자고 있던 내 아들을 들쳐 안고 나오는데 내 마음은 찢어지는 것 같았다. 아내도 주차장으로 내려오는 내내 아무런 말이 없었다. 자신의 남편이 고객과 인연을 맺어가는 과정이 순탄치만은 않다는 것을 연민으로 바라보는 것 같았다.

이것이 나의 세일즈 인생의 처음 동행 판매(joint work)가 되었다. 지금 그때를 생각해보면 정말 목숨을 걸고 상담을 했던 것 같다.

결과적이긴 하지만 사무실 선배의 말대로 어쨌든 계약은 체결하였다. 하지만 두 번 다시 그러한 상황을 만들고 싶지는 않다. 9년 전의 일이지만 그 신혼 부부도 그때를 이야기하면서 지금도 웃는다.

"도저히 더 이상 거절할 수 없더라고요."

내게는 아마도 평생 잊을 수 없는 가족이 총동원된 동행 판매였다.

우리는 때로는 자신과 타협하고 이를 합리화시킨다. "나는 할 만큼 했어."라고 말이다. 허나 벼랑 끝에 서 있는 듯한 절박함을 가지고 있다면 좀 더 자기 자신에게 냉정함을 발휘할 수 있다.

이날의 경험은 내 세일즈 인생에서 절박함의 미학을 깨닫게 해준 계기가 되었다. 스스로가 강해지는 가장 좋은 방법은 무엇인가를 갈구하는 절박함을 갖는 것이다.

2

아플수록 성숙해지는 사람들
• 잃어버린 7년

"절망하지 마라. 그러나 만약 절망하더라도 절망 속에서 계속 일을 하라."
- 에드먼드 버크

    세일즈를 시작하는 사람이라면 누구나 가장 가까운 사람들을 내 세일즈 과정을 연습하는 스파링 파트너로 삼게 된다. 이 과정에서 농담 삼아 자신이 세일즈 이전의 인생을 잘살았는지에 대한 평가도 이루어진다고 한다. 왜냐하면 믿음이 있으면 내가 판매하는 상품을 구입하는 과정에서 그 믿음을 보여준다고 생각되기 때문이다.
    하지만 그렇게 생각하는 것은 큰 착각이다. 아무리 친한 친척이나 형제 간이라고 하여도 그들은 경제적인 여력을 봐가면서 나를 도와주기 때문이고, 순수하게 상품의 필요성을 각인하고 구입하기보다는 나와의 관계를 핑계로 도움을 주기 위한 의도가 더 많을 수도 있기 때문이다.

세일즈 초기의 일이었다. 12월의 어느 날, 나는 아내와 아이들을 데리고 나의 사촌을 찾았다. 나와 나이가 동갑이면서 어려서 많이도 티격태격했던 사촌인지라 서로 간에 자존심이 강했던 것으로 기억한다.

나의 사촌은 문구 회사 디자이너였고 결혼하여 아내가 임신 중이었다. 군자동 상가 건물 3층을 전세로 얻어 사회생활의 시작이 윤택했던 것은 아니지만, 오랜만에 만난 식구들과의 안부도 묻고 처음 이야기는 화기애애하게 시작되었다.

직장생활을 하던 중 다른 비전을 갖게 되었고, 그 결과 세일즈를 선택하게 되었다고 말하면서 그 사촌에게 내가 판매하는 상품에 대해 설명했다.

그런데 듣고 있던 사촌의 표정이 갑자기 변하면서 이렇게 말했다.

"왜 자꾸 죽는 이야기만 하는 거야? 그런 말 하려거든 가."

아내가 보고 있는 자리에서 당한 면박으로 얼굴이 많이도 화끈거렸다. 그래도 사회생활을 시작하면서 얼마 안 있으면 아이도 태어나는데 집안의 가장으로서 당연히 그 역할을 하지 못할 경우를 상정하여 이야기하는 것은 당연한 일이다. 그건 어느 집안의 가장에게도 똑같이 해당되는 이야기다. 하지만 나의 사촌은 그런 이야기를 하는 내가 싫었나 보다.

아내에게 미안했다. 자존심도 많이 상했다. 그 집을 나오면서 다시는 얼굴을 보지 않으리라, 다짐을 했다. 내가 하는 일이 눈앞에서 그렇게 면박을 당할 정도로 사촌에게 피해를 주는 일이 아닐진대, 왜 내 아내도 보고 있는데 그렇게 말하는지 이해를 할 수 없었다. 그리고 밉기까지 했다.

시간이 흘러도 이러한 앙금은 없어지지 않았다. 그런 내가 속 좁게도 생각된다. 그렇게 7년여의 시간이 흐르는 동안에 한 번도 연락을 하지 않았고, 가족들끼리 만나는 자리에서조차 말을 섞지 않았던 것 같다.

세일즈 초기에 지인과 가족에게 받는 상처는 이런 경험 말고도 많이 있다. 이것이 나를 싫어하는 것이 아니라 내가 판매하는 상품이 부담스러워 거절을 하는 것이라고 배웠지만, 사람인지라 마음의 상처는 치유되는 데 시간이 필요한 것 같다.

한편에서는 감사하게 생각하기도 한다. 그 집을 나올 때 "꼭 성공해서 보란 듯이 다시 찾겠다." 다짐을 하여 결국 성공적인 모습을 키워가는 데 도움이 되었기 때문이다.

세일즈에서는 실패를 하였다. 하지만 긴 시간에서 보면 결국은 성공적인 인생을 개척하는 데 밑거름이 된 것이 사실이다. 그래서 지금은 고맙다는 생각이 더 클 뿐이다.

3

서러움
- 먹고 살기 힘드세요?

세일즈맨의 처음은 타인을 위해서, 나중은 자신을 위해서 산다.

세일즈 과정에서는 감정의 변화를 경험하는 것이 필연적으로 따라온다. 나의 감정에 상처도 생기고, 고객의 마음속에 깊숙이 칼집을 내기도 한다. 매번 다른 경험을 한다는 것이 가끔 견디기 힘들기도 하다. 이 시대의 세일즈맨들에게 따라다니는 꼬리표와 같다.

올 여름의 일이었다. 내가 속한 회사에서 일정 기간을 정해두고 오래된 고객을 방문하는, 그리고 그분들께 조그마한 선물을 전하는 행사를 한 적이 있다.

나는 고객이 많아 정해진 시간에 일일이 모두 만날 처지는 안 되었지만 강제적으로라도 고객을 챙길 수 있는 좋은 기회라 여겨 3개월 정도 토요일, 일요일에 찾아뵈어야겠다고 마음먹었다.

그리고 바로 실행에 옮겼다. 유일하게 쉴 수 있는 주말을 포기했다. 나의 가족과 함께할 수 있는 시간이 줄어 미안한 마음도 많이 들었지만 오랫동안 보지 못했던 고객들과 시간을 보낼 수 있다는 마음에 매주 약속을 잡고 그 약속을 지켜나갔다.

5~6주 정도 시간이 흐르는 동안 즐거운 만남도 있었지만 조금은 마음 불편한 경우도 있었다. 어려운 상황에 처해 있는 분들과의 만남에서 함께 아파해야 할 일들도 있었고, 내가 해줄 부분이 더 없음에 가슴이 아프기도 했다. 게다가 내가 어떤 마음으로 주말을 희생하며 보자고 하는지 이해 못 하고 그저 가벼운 마음으로 "선물이나 보내시죠." "꼭 뵈어야 하나요?"라고 말하며 나와의 만남의 의미를 너무 가볍게 보는 이들의 반응을 접할 때면 중간에 포기하고 싶은 생각도 많이 들었다.

쉬어야 할 시간에 쉬지 못함으로써 몸도 조금씩 지쳐가던 중 하나의 사건이 일어났다. 그때가 여름 휴가 기간이라 주말에 10분 이상 고객의 가정으로 방문 약속을 잡기란 결코 쉽지 않았다. 그리고 고객들이 생각하기에 조금은 가벼운 약속이라 그런지 약속을 어기는 일도 종종 있었다.

어느 일요일, 그날은 오전부터 비가 많이 내렸다. 오히려 비가 아침부터 내리니 약속이 그나마 잘 지켜지는 것 같았다. 오후 2시에 만나기로 한 고객의 아파트 주차장에서 전화를 넣었다. 그런데 부인이 전화를 받으며 "어쩌죠? 애기아빠가 낮잠을 자고 있는데."라고 했다. 말의 뉘앙스가 다음에 보았으면 좋겠다는 듯했다. 그러나 그날이 아니면 다시 약속하고 오기에도 조금은 힘든 곳이었고, 언제 다시 볼 수 있을지 기약을 할 수 없어, 양해를 구했다.

"그럼 올라오세요."

현관문을 들어서니 남편이 속옷 차림으로 거실 소파에서 깊은 낮잠에 빠져 있었다. 미안해서 잠을 깨우지는 못하고 잠시 부인과 거실에서 조용히 얘기를 나누었다. 그러던 사이에 남편이 깼다. 잠결에 일어나며 나를 보고는 꽤 당황스러웠던 모양이다. 웬 남자와 아내가 조용히 속닥거리는 모습만 눈에 들어왔을 테니 말이다. 그는 다짜고짜 화부터 냈다.

그러고는 하는 말이, "먹고 살기 힘드신가 봐요."

나는 망설임 없이 "네, 그런가 보네요. 요즈음 다 어렵네요."라고 대답한 후 집을 나섰다. 쉬는데 찾아와서 죄송하다는 말을 하고 나오는 발걸음이 무거웠다.

물론 지금은 그때의 상황을 조금은 이해할 수도 있다. 하지만 그 당시에는 내가 천대받는 느낌이었다. 그래서 슬프기도 했다.

아파트 현관을 나서는데 아까보다 더 센 빗줄기가 쏟아지고 있었다. 순간 울컥했다. 쉬지도 못하고 주말을 고객과 보내려 했던 나의 생각을 이해는 못 해줄 망정 비아냥거리는 듯한 그 말은 센 빗줄기보다 더 크게 내 마음을 적셨다.

그날 이후 몸에 특별한 이상이 있었던 것도 아닌데 몹시 아파 이틀 정도 누워 있어야 했다. 마음도 몸도 많이 지쳤던 모양이다.

세일즈라는 것이 누군가에게 인정받지 못하는 직업일 수도 있다. 하지만 고객에게 나를 인정해달라는 말을 하지는 않는다. 무시하지 않고 파트너로, 가족으로 맞이해주는 고객에게 더 많은 시간을 할애할 수밖에 없는 이유가 있다. 세일즈맨은 고객과의 관계에서 자신의 직업에 대한 비전을 보기 때문이다.

나는 나를 사랑한다. 하지만 한편으로 세일즈맨은 고객을 통해 사랑하는 법을 배운다. 그렇기에 고객에게 천대받는 사람은 세일즈를 더 이상 하지 못하고 떠날 수밖에 없다. 그래서 나는 오늘도 사랑받기 위해 더 열심히 일한다.

4

타협과 절망
• 시간과의 싸움

세상에서 가장 공평하게 주어지는 것이 시간이다. 부자이든 가난한 사람이든 하루에 주어지는 시간은 정확히 똑같다. 이를 통제할 수 있는 사람만이 인생에서 성공한다.

세일즈 기간 9년 동안 내가 겪었던 경험 중 되돌릴 수만 있다면 그러고 싶은 몇 가지가 있다. 물론 이는 내가 세일즈하는 상품이 생명보험이기 때문이다. 마음에 상처가 된 이야기, 그리고 아직도 잊지 못하며 항상 죄스러움을 가지고 있는 이야기를 하고자 한다.

첫째는 내 친구이자 전 직장 동료였던, 그리고 내 손으로 지급한 최초의 사망보험금 대상자였던, 사망 당시 서른여섯이던 두 아이의 아빠 이야기다.

세일즈를 시작하고 몇 개월 후 만나기가 두려워 차일피일 미루다가 친구를 만났다. 그리고 다시는 보고 싶지 않을 정도로 심한 거절을 당했다. 다시는 이 친구에게 세일즈하지 않겠다고 혼자 결심을 했다.

세일즈 초기에는 아는 지인으로부터 많은 거절을 당하고 심한 모욕적인 언사를 듣는 것이 다반사이다 보니 이것이 자연스럽게 여겨지기도 전에 마음에 상처를 많이 받는다. 나의 친구에게도 마찬가지였다.

시간이 많이 지나 우연히 그 친구의 부인이 둘째 아이를 가졌다는 얘길 듣고, 다시는 만나지 않겠다던 생각은 잊은 채 또다시 그 친구를 찾았다. 그러나 친구의 반응은 예전과 같았다. 내게 차갑게 대하는 것은 참을 수 있었는데, 가장으로서의 책임감에 대한 친구의 생각에는 너무 화가 났다. 그래서 "너 이런 식으로 살지 마!"라고 말하고 그냥 돌아섰다.

내 갑작스런 행동에 친구도 놀랐고, 따라 나오며 내 이름을 불렀다. 난 내 진심을 얘기했다.

결국 친구에게 충분하지는 않지만 보험 계약을 체결할 수 있었고, 최소한 가장으로서의 책임을 조금이나마 다할 수 있도록 길을 만들어 줄 수 있었다.

그러나 강하게 이야기하지 못함으로써 작은 규모의 보험으로 그쳐야 했다. 언젠가는 상황이 될 때 추가적인 계약이 있어야 함을 강조하는 선에서 마무리되었고, 또다시 시간이 흘렀다.

그 후 친구와 다시 한 번 이야기하는 중에 추가적인 계약을 권유하였다. 이때는 친구도 나의 이야기를 진지하게 들어주었고 순순히 동의했다. 그런데 전화상으로 어렵게 보험료를 조정하고 계약 체결을 위해 만날 약속을 정하면서 자꾸 시간이 어긋나는 것이었다. 당시 친구가 2002 월드컵과 관련된 일을 하고 있어서 시간을 내기 힘든 상황이었다. 한 번의 약속이 틀어지고 다음 주에 다시 약속을 잡았다.

그런데 만나기 며칠 전 친구로부터 전화가 왔다.

"지금 병원에 가는 중이야. 속이 쓰려서 위 내시경 검사와 초음파 검사를 했는데, 신장 쪽에 종양이 있다고 해서 지금 수술하러 가."

암이었다.

이때부터 친구의 어려운 암 투병은 시작되었다. 아무리 친구가 바쁘다고 했어도, 또 본인의 사정으로 약속이 지연되긴 했지만 늦은 저녁이든 점심때든 잠깐이라도 만나 얘기하고 추가 계약을 했더라면 더 많은 보험금을 전달해주고 경제적인 어려움을 덜 수 있었을 텐데. 나는 심한 자책을 하기에 이르렀다.

생명보험이란 시간과의 싸움이다. 이를 간과한 것은 직업적인 직무유기가 되고, 나는 그 직무유기를 한 당사자일 수밖에 없었다. 유가족인 아내를 만났을 때 이런 잘못된 판단과 행동을 말씀드리고 용서를 구했다. 하지만 친구의 아내는 오히려 나로 인해 가입한 보험이 도움이 되었다며 투병 중 보여준 관심에 고마움을 표하면서 거꾸로 나를 위로해주었다.

나는 사망보험금이 지급되면 지금도 며칠은 일을 못 한다. 그때도 나의 잘못된 판단으로 제 역할을 다하지 못했음에 상당 시간 힘들어해야 했다. 친구와의 타협, 그리고 놓쳐버린 시간과의 싸움.

"정말 미안하다……."

두 번째는 갓 결혼한 신혼의 즐거움에 젖어 있던 젊은 여성분 이야기다. 충남의 어느 소도시에 살았던 분으로, 소개를 받고 상담을 하였다. 그는 내가 제시하는 프로그램을 선뜻 선택하지 못하고 주저했다.

시간이 계속 흐르고 지역이 지방이라 서울까지 되돌아오는 시간을 고려하여 열심히 설득을 했는데도 계약을 체결하지 못했다. 다시 찾아뵙기로 하고 우선 서울로 돌아오는 데 급급하여 내가 해야 하는 일에서 조금 양보를 한 것이다.

며칠 후 일요일 오전에 바로 그분에게서 전화가 왔다. 내가 제안한 것을 하겠다고, 다시 지방으로 자신을 만나러 내려오게 해서 미안하다고 하면서, 전화를 한 당일 오후에 만나기를 원했다. 그러나 내가 저녁에 중요한 가족 약속이 있었기에 양해를 구하고 돌아오는 수요일에 뵙기로 하고 전화를 끊었다.

수요일, 그 도시 인근에 다른 약속도 몇 군데 확인을 하고 내려갔다. 오전부터 그 고객과의 통화가 이루어지지 않았지만 약속을 어길 분이 아니라고 판단되어 그냥 내려갔다.

그런데 다른 상담이 끝났는데도 계속 연락이 안 되었다. 도저히 기다릴 수 없는 시각까지 기다리다 마지막으로 다시 건 전화를 어떤 남자가 받았다. 전화한 내막을 설명했더니 한동안 말이 없다가, "그 사람은 제 아내인데 그저께 월요일 저세상으로 떠났어요."

"네? 무슨 말씀이신지. 일요일에 저랑 통화하셨어요."

"월요일 출근길에 사고로 사망했습니다."

아무 생각이 떠오르지 않았다. 차를 타고 올라오는 길에 마음이 몹시 답답했다. 내가 처음부터 좀 더 설득했더라면 좋았을 텐데 하는 생각이 드는 것은 또 한 번 직무유기를 한 듯한 아쉬움에서일까?

수년이 흘렀지만 지금도 일요일 오전에 그 고객과 통화할 때의 목소리가 생생하다. 통제할 수 있는 것과 그러지 못하는 일들은 언제나 공존한다. 하지만 스스로 통제할 수 있는 것조차 하지 못한다면, 이는 직업적인 사명감을 제대로 갖지 못함에서 비롯되는 것이라고 생각한다.

생명보험은 시간과의 싸움이다. 이는 질병과 사망이 그들에게 다가가기 전에 내가 먼저 고객을 만나야 할 이유이다.

5

포기하고 싶은 순간의 기록
- 아흔아홉 고개를 넘은 이야기

"때로는 우리 자신이 성공의 최대의 적이 되는 경우가 있습니다. 그것은 성공과 행복에 이르는 길에 스스로 장애물을 두기 때문입니다."

- 루이스 빈스톡

세일즈맨으로서 지켜야 할 자존심과 버려야 할 자존심이 있다. 지켜야 할 것은 직업적인 사명감이요. 버려야 할 것은 고객과의 감정싸움을 유발하는 자존심이다.

어설픈 자존심과 자괴감이 고객을 8년간이나 방치하고 살게 했던 나 스스로를 반성하면서 이 이야기를 시작한다.

세일즈 2년차에 있었던 일이다. 강릉에 상담이 있어 갔던 길에 그 자리에서 가까운 지인을 소개받아 1차 상담을 마쳤다. 그분은 상담에 흡족해하며 2차 상담에는 변호사인 남편과 함께 만날 것을 요청했다.

다음 주, 부산에서 하루 종일 상담을 마치고 야간 우등 버스편으로 강릉으로 이동하여 부부와 함께 상담을 했다. 당시 그 변호사님은 아주 유명한 법관 출신이었던 것으로 기억한다.

상담이 잘된 덕분에 나의 제안을 받아들이기로 하고 내 고객이 되는 순간에는 모든 것이 잘 되어가는 듯한 느낌이었다. 물론 계약에 대한 모든 결정이 변호사님 주도로 이루어진 것이 못내 마음에 걸리긴 하였다.

그리고 계약 과정을 추가적으로 follow up하는 과정에서 사소한 문제로 인해 계약자인 변호사님의 마음을 상하게 하는 일이 생겼다. 회사나 나로서는 달리 어쩔 수 없는 경우이긴 했지만, 그로 인해 본인의 계약뿐만 아니라 부인의 계약까지 철회하길 원했다. 당시로는 상당히 큰 계약이기도 했지만 부인의 계약 철회는 나에게 돌아오는 페널티도 만만치 않았다.

많은 고민이 되었다. 어떻게 해야 할지에 대하여 깊게 고민하고 있는 나의 모습을 보면서 내 매니저는 고객을 직접 만날 것을 권했다. 고객과 직접 대면하여 이야기하는 과정에서 오해가 있다면 풀어질 가능성이 있다고 조언해준 것이다.

달리 방법이 없어 약속 전화도 없이 이른 시각에 서울을 출발해 강릉으로 향했다. 당시에는 오래된 소형차를 몰고 있었다. 그때가 여름 휴가철인지라 차가 막힐 것 같아 이른 아침에 무작정 출발한 것이다.

휴가철이라 고속도로는 많이 밀렸고 특히나 대관령 고개를 내려가는 데는 더 많은 시간이 걸렸다. 강릉에 도착해 우선 부인께 전화를 했다. 그런데 부인이 난감해하며 "남편은 대관령 너머 골프장에 계세요."라는 것이 아닌가. "오전에 골프 약속이 있어서 그곳에서 골프 치고 계십니다."라고 덧붙였다.

물론 사전 약속 없이 출발한 내가 무모했지만, 순간 갈등이 생겼다. 매니저와의 긴 전화 통화 끝에 골프장으로 직접 찾아가기로 했다. 지금 생각하면 당돌하기 그지없던 시기였다. 상당한 시간이 걸려 대관령을 넘어 골프장 클럽하우스에 도착해 변호사님께 전화를 드렸다.

그러나 전화기에서 들리는 답변은, "당신 뭐 하는 사람이오? 여기 골프장까지 날 만나겠다고 왔단 말이오? 볼일이 없으니 전화 끊으세요."라는 것이었다. 전화기 끊기는 소리가 저 멀리 들렸다.

계속된 운전에 지치기도 했지만 정말 마음은 바닥으로 가라앉았다. 포기하고 싶은 생각이 온통 머릿속을 헤집고 다녔다. 자존심도 무척 상했다.

아무런 생각 없이 한동안 멍하니 있다가 나는 다시 운전대를 잡고 대관령을 넘어 강릉으로 향했다. 계속 브레이크를 밟으며 대관령을 내려가다 보니 타이어 타는 냄새가 차 안으로 들어왔다. 그리고 강릉에 도착해 부인을 만나 그 계약의 중요성을 이야기하고 지긋지긋한 대관령을 다시 넘어 늦은 시각 서울에 도착했다.

부인은 차 밀리는 대관령을 여름 휴가철에 왔다 갔다 한 내가 많이 안쓰러웠는지, 다음 날 전화 한 통을 주셨다.

"참 애쓰셨어요. 남편에게 내가 잘 이야기해볼게요."

그 사건 이후로 최근까지도 강원도 대관령 쪽으로는 가지 않는다. 근 8년이다. 대관령을 하루에 네 번이나 왔다 갔다 했던 그때를 떠올리면 지금도 가슴이 아프다.

애초에 그렇게 하라고 조언해준 매니저가 야속하기도 했다. '이렇게까지 해야 하나?'라는 생각이 그 순간에 들은 진심이었다. 지금은 담담히 이렇게 얘기할 수 있지만 나에겐 큰 상처로 남은 사건이었다.

최근에, 옛날 길이 아닌 새로 개통된 터널을 지나 대관령을 관통해 강릉에 간 적이 있다. 운전을 하며 감정이 참 미묘해짐을 느꼈다. 유독 그 일만 떠오르는 것은 그분이 나에게 준 상처 때문인가 보다.

오랫동안 일을 해온 세일즈 선배들이 후배들에게 항상 하는 말이 있다.

"원래 우리 일이 그런 거야."

"세일즈하는 놈이 무슨 배부른 생각이야?"

슬픔이 쌓이고 상처가 쌓여 추억이 될 즈음에는 나도 선배라는 타이틀이 붙어 있을 것이다.

다른 누군가와 같은 슬픔과 아픔을 가지고 그들과 같은 경험을 하는 사람들이 세일즈맨들이다. 아픔도 함께 나눌 수 있다는 것이 그나마 위안이 되기에 그들에게 항상 감사함을 가진다.

6

추운 겨울 아파트 복도에서 기다린 두 시간

• 오늘이 마지막인 것처럼

"골프는 공을 구멍에 넣는 게임이다. 그 구멍까지 여러 번의 샷을 해야 한다. 그래서 다음 샷으로 내 공을 어디까지 보낼지를 고민하는 것이 가장 중요하다. 그 모든 과정의 끝이 구멍에 공을 넣는 것으로 이어지고, 이것이 종결되는 결과가 게임의 끝이다. 그것 이외의 것을 생각하는 사람을 골프에서는 아마추어라고 한다."

- 어느 골프 해설가가 방송에서 한 말

한 번의 세일즈 활동을 종결하는 데 여러 단계의 과정을 밟아야 할 때는 과정, 과정이 다음 과정을 위한 전제이기에 어느 과정에나 충실할 수밖에 없다.

하지만 그 과정들이 언제나 순탄한 것만은 아니다. 장벽이 생기면 돌아가기도 하고, 넘어가기도 하고, 어떤 경우는 그냥 돌아오기도 한다.

그때 다시 시도할지 포기할지를 고민하는 시간이 주어지고, 결과가 좋으면 그러길 잘했다고 생각하지만, 결과가 좋지 않으면 쓸데없는 곳에 너무 시간을 빼앗겼다고 생각하게 된다. 하지만 세일즈맨에게 과정은, 어떠한 형태로든 다시는 그러한 상황에 맞닥뜨리지 않게 스스로 고칠 수 있도록 기회라는 선물을 준다.

계약은 세일즈맨에게는 과정의 종결이지만, 고객에게는 과정의 시작이다. 그렇기에 판매가 종결된 계약의 관리는 세일즈맨에게는 더욱 중요하다.

나의 영업 초창기, 어렵게 계약이 이루어진 부부 고객이 있었다. 계약이 어렵게 성사되었다는 이유도 있었지만, 이 댁에는 반드시 필요한 플랜이었기에 관심을 가지고 지속적으로 관리하던 중이었다. 얼마 지나지 않아 계약 유지에 문제가 있어 보였다.

나 스스로 이건 아니다 싶어 남편분을 만나 준비하신 플랜의 의미와 왜 계속 유지해야 하는지 이유를 설명드렸다. 그 순간에는 그분도 동감을 했다. 그럼에도 불구하고 그분 은 어려움을 토로하였다.

나는 "정 그러시다면 마지막으로 부인과 함께 이야기를 나누어보고 싶습니다."라고 말씀드리고 저녁 시간에 댁으로 찾아뵙겠다고 했다.

그날따라 몹시도 추운 날이었고 살짝 눈까지 내렸다. 경기도 화정에 있는 그분의 집에 도착한 것은 저녁 9시경.

도착해 아파트의 초인종을 눌렀다. 아무런 인기척이 없었다. 분명히 출발 전에 약속 확인을 한 터라 집에 사람이 없을 거라고는 생각지 못했다.

현관 안에서는 사람 소리가 나지막이 들리는 듯싶었다. 밖에서 한동안 댁에 전화도 드려보고 초인종도 눌러보았다. 여전히 반응이 없었다. 너무너무 추웠다.

자동차도 가지고 다니지 않던 시절이라 아파트 복도에서 찬바람을 피할 만한 장소를 찾아 한동안 서서 기다렸다. 연락을 해보거나 초인종을 눌러보는 것이 내가 할 수 있는 전부였다. 그래도 오늘 이 자리에서 만나지 않으면 앞으로는 더 어려울 것 같아 무작정 기다렸다.

순간 나를 피하고 있는 건지도 모르겠다는 생각이 들었지만, 이렇게라도 해야 나중에 후회하지 않을 것 같았다. 사실은 내가 후회하지 않기 위해서라기보다 이 댁에 있는 어린 자녀들을 위해 내가 할 수 있는 최선의 노력을 다하고 싶었다.

결국, 그분들을 만나지 못하고 되돌아서야만 했다. 마지막 차편으로 돌아오는 길은 몸뿐 아니라 마음까지 완전히 얼어붙어 있었다.

이렇게까지 해서 이 일을 해야 하나 하는 자괴감마저 들었지만 그분들도 그럴 만한 충분한 이유가 있으리라 이해하려 애썼다.

몇 년의 시간이 흘렀다. 다른 분을 통해 그분들의 소식을 들었다. 그들이 그날의 이야기를 하는 것을 들었다고 했다.

"사실은 댁에 계셨어요. 그런데 당신을 만나면 설득될 것 같아 피하셨답니다. 그래도 그 시각에 그곳까지 찾아와 애써준 것에 대해서는 고맙다고 말씀하셨어요. 그리고 언젠가 당신을 다시 찾게 되리라 생각했다고 하시더군요."

누구나 어느 상황에서든 최선을 다하려 한다. 타협하지 않고 매 순간 최선을 다하는 것은 그때가 마지막이란 생각을 갖기 때문이다. 지금껏 내 마음과 내 나름의 원칙은 이것을 놓치지 않았다. 상상해보라. 지금이 마지막이라면 이대로 물러설 수 있겠는가?

  세일즈맨으로서 고객의 결정을 돕지 못하고, 또 그 도움을 받지 못하는 고객이 있다면 이는 고객과 세일즈맨 모두의 실패이다. 우리는 그 실패를 하지 않기 위해 일하는 것이다.

7

길게 보기
• 세일즈는 한 인생을 걸고 해야 하는 평생의 직업이다

대인이란 단지 끈기를 발휘한 소인이라는 것을 잊지 말라.

인간은 그 생명의 시작이 세일즈요, 사망하는 날까지 누군가에게 자신을 세일즈하고 그 결과로 어떠한 형태로든 얻는 것을 갖기 마련이다. 그런데 하물며 세상에 존재하는 다양한 직업 중 그 근간이 세일즈가 아닌 것은 아무것도 없다 해도 과언이 아니다.

누구나 태어나면서부터 주어진 일을 잘하지는 않는다.

토머스 에디슨과 관련된 아주 오래전의 한 일화는 직업에 대한 태도를 어떻게 가져야 하고 자신의 인생을 어떠한 관점으로 대하고 살아야 하는지에 대하여 잘 나타내고 있다.

한 기자가 에디슨이 오랜 시간 동안 연구해온 발명품에 대해 질문을

했다. "당신은 지금까지 그 발명을 1만 번이나 실패했는데 어떤 기분이신가요?" 에디슨은 이에 대해, "나는 1만 번 실패한 것이 아니라 효과 없는 만 가지의 방법을 발견해내는 데 성공한 것입니다."라고 말했다.

에디슨은 전구를 발명하는 과정에서 1만 4천 번의 실험을 했으며 효과 없는 수많은 방법을 발견했다. 에디슨은 그것이 효과 있는 방법 하나를 찾기 위해 끊임없이 실험한 것이었음을 말하고자 한 것이다.

세일즈에 종사하는 많은 사람들이 생각하는 세일즈 세계에서의 성공이란 무엇일까?

경제적인 목표를 달성하면 성공이라고 할 수 있을까? 아니면, 단순히 오랜 시간을 그 직업에서 살아남는 것이 성공이라 할 수 있을까?

세일즈는 경험에 근간을 둔 직업이다. 따라서 많은 경험이 더 나은 실적을 만들어내고, 더 많은 경제적인 성과를 나타낸다. 그렇기에 동일한 시간 동안 더 많은 경험을 한 사람이 결국에는 더 나은 성과를 가져온다고 할 수 있다.

하지만 세일즈 세계에 발을 들여놓은 많은 세일즈맨들이 자신이 원해서 그 직업을 선택했다면, 가장 크게 자기 자신에게 충고하고 내면 깊숙이 새겨 넣어야 할 말은 바로 '인내'이다.

실패란 곧 인내하지 못하는 것이다. 반면에 성공이란 직업에 충실하고 일을 하는 동안 자신을 믿는 것이다.

만약 일을 하는 동안 자신의 일이 생각했던 것보다, 또 원했던 것보다 훨씬 어렵고 힘들다면 이 사실을 기억해야 할 것이다. 천으로 면도

날을 날카롭게 할 수 없고, 어린아이처럼 매일 떠먹여주면 그 사람을 강하게 만들 수 없다는 것을.

성공하기 위해서는 많은 어려움을 거치게 된다. 때로는 언덕을 올라야 하고, 때로는 커브 길을 돌아야 할 때도 있다. 성공은 기회와 준비가 만났을 때 이루어진다.

세일즈의 세계에서는 일정한 시간 동안 세일즈 교육을 받고 고객과의 경험을 통해 판매 성공을 높이기 위해 열심히 노력하는 과정을 반드시 거친다. 이 과정에서 짧은 시간에 많은 성공을 이룬 세일즈맨은 자신의 능력을 과대평가하는 경향을 가지며, 실패의 경험을 더 많이 한 사람은 "나는 세일즈가 적성에 맞지 않는 것 같아요."라고 자신의 능력을 폄하한다. 하지만 신은 공평하다. 성공한 사람과 실패한 사람은 종이 한 장 차이라고 하지 않는가. 시간이 흐르고 더 많은 실패를 경험한 사람만이 그 경험을 토대로 같은 실패를 반복하지 않음으로써 더욱 성공하는 것을 세일즈 세계에 있는 사람들은 수없이 목격한다. 이것은 세일즈는 단기간에 성공과 실패를 판가름하지 않는다는 사실을 보여준다.

그렇기에 인내는 세일즈맨에게 반드시 필요한 덕목이고, 자신의 직업에 대한 미래와 그 비전을 밝혀가는 초석으로서 가장 많은 역할을 하는 것이라고 할 수 있다.

하루하루 연명해가는 돈벌이로서의 세일즈가 아닌, 하루하루 새로운 경험을 하는 즐거운 직업으로서의 세일즈가 마음속에 자리하고 있다면 이미 성공하는 인생을 살고 있는 것이며, 이를 통해 평생 직업으로서의 비전을 가질 수 있을 것이다.

그렇기에 세일즈는 한 인생을 걸고 해야 하는 평생의 직업이며, 평생에 걸쳐 얻어지는 경험은 인생을 더욱 풍요롭게 할 수 있는 살아 있는 인생 지침서라 할 수 있다.

다음의 글은 세일즈를 대하는 자세를 잘 표현하고 있다. 또 어떤 직업을 가진 사람에게도 다 적용할 수 있기에 여기에 옮겨본다.

삶의 보상은 인생 행로의 시작에 있는 것이 아니라 끝에 있다.

내 목표에 도달하기 위해 얼마나 많이 걸어야 할지 알 수 없다. 수천 걸음을 내디딘 후에도 실패와 마주칠 수 있다. 그러나 성공은 바로 그다음 길모퉁이에 숨어 있다. 내가 그 모퉁이를 돌지 않는 한, 성공에 얼마나 가까이 왔는지 절대로 알 수 없으리라.

이제부터 나는 매일매일의 노력이 마치 커다란 참나무를 베기 위해 도끼를 한 번 내려치는 것과 같다고 생각할 것이다. 첫 번째 도끼질은 참나무에 조금의 진동도 주지 못할지도 모른다. 두 번째, 세 번째 도끼질도 역시 그러힐지 모른다. 한 번 한 번의 도끼질은 너무 미약해서 아무런 결과가 없는 듯 보일 수 있다.

그러나 미약한 도끼질이 결국 참나무를 쓰러뜨릴 것이다. 오늘 하루의 내 노력도 이와 같을 것이다.

-《위대한 상인의 비밀》, 오그 만디노

8

인간의 모든 행동은 세일즈다
• 내 주위의 모든 곳에서 구하라

모든 사람은 세일즈맨이고, 모든 것은 세일즈 대상이다.

 모든 사람은 세일즈맨이다. 미래 세대를 짊어지고 갈, 자라나는 학생들의 가치관을 형성시키고 국가관을 갖게 하며 정치와 사회에 대한 관심을 갖게 하기 위해 자신의 지식을 보다 잘 세일즈한 선생님들은 훗날 후학들로부터 그들의 존재를 인정받을 수 있다는 면에서 선생님도 세일즈맨이요, 설계된 대로 잘 만드는 것에서 한발 더 나아가 조금 더 신경 써서 염려하는 건축주를 배려하여 건축되어가는 모든 과정을 사진으로 담아서 보여주는 건축가도 세일즈맨이요, 세 살배기 어린아이에게 어쩔 수 없이 져주는 부모들도 훌륭한 세일즈맨이다.
 이러한 사실을 안다면 이 세상 모든 사람들에게서 세일즈 아이디어를 얻을 수 있다는 결론에 이르게 된다. 세일즈 테크닉, 방법, 아이디어는 감정이 없다. 따라서 사용하는 사람이 누구냐를 가리지 않는다.

　세상의 모든 세일즈맨은 자신의 상품이나 서비스에 대한 확신이 있어야 한다. 이것은 자신의 상품이나 서비스에 관한 지식을 쌓기 위한 나름대로의 고된 노력이 있어야 함을 의미한다. 상품에 대한 지식을 쌓음과 동시에 생활 속의 모든 곳에서 세일즈 기술을 배워야 한다.

9
마음에 심어두어야 할 몇 가지 이야기
• 우리에게 꼭 필요한 세일즈 팁

나는 준비할 것이며, 그럼 언젠가 나에게 기회가 올 것이다.
- 에이브러햄 링컨

적극적 태도

간절히 원하면 이루어진다. 원하는 단계를 세분화하고 그 단계별로 이루어간다면 어느 시기엔가는 원하는 목적지에 도달해 있을 것이다. 적극적인 태도의 반대인 부정적인 시각을 가진 사람은 핑계를 찾는다. 낙관주의자들은 그 점을 잘 알고 있고, 흔히 염세주의적인 사람들보다 그들이 훨씬 나은 성과를 얻는 이유가 바로 그것이다.

선택

태도는 선택되는 것이다. 당신은 원하는 태도를 선택할 수 있다. 어느 쪽이건 당신에게 달려 있다.

┃믿음

안 될 것 같다는 생각을 하지 말고 "성공한 다음에는……."이라는 말을 가슴에 새기고 살아라. 그러면 "난 할 수 없어."가 아닌 "한번 해 보겠어."라는 말이 입 밖으로 나올 것이다.

┃나의 영화

자기가 확신하는 모든 것을 대본으로 만들어 이를 독백하며 자신만의 정신적인 영화를 만들어라. 그리고 그것을 실행하라. 계획이 수포로 돌아간 다음에는 어떻게 할 것인지를 두고 고민할 것이 아니라 이미 목표를 성취한 당신의 모습을 그려보라. 모든 것이 잘못될 수 있다는 생각으로 불안해하지 말고 앞으로의 일들은 다 잘될 것이라고 내다보라. 그리하여 당신의 꿈이 현실이 되게 하라.

┃긍정

부정적인 생각과 표현은 자신도 모르는 사이에 전염되어 그것에 영혼을 팔고 만다. 부정성은 전염되기 쉬운 성질을 가지고 있다. 부정적인 생각을 하게 되면 부정적인 사람들과 부정적인 경험들이 우리에게 달려든다.

수용

남들이 나를 받아들일 거라고 기대를 한다면 그들은 분명 그렇게 할 것이다. 당신이 그걸 기대하지 않으면 그들은 당신을 받아들이지 않을 수도 있다.

조정

스스로에 대해서 당연히 취해야 할 조처를 취하지 않으면 결국 다른 사람들이 그것을 해버릴 것이고, 그것도 자기 멋대로 해버릴 수도 있다는 점을 명심해야 한다. 스스로를 컨트롤하면 스트레스가 감소되고, 관계가 좋아지게 할 수 있으며, 자신을 활기차게 하고, 무수한 일들의 결과에 영향을 줄 수 있다는 점을 잊지 말라.

10

당신에게 필요하다고 말하라
• 세일즈에서 구매 요청 행위의 필요성

"모든 세일즈 상담의 63%가 구체적인 구매 권유 없이 끝난다."
- 크리스 헤가티

주문은 프레젠테이션의 결과이기 때문에 판매를 프레젠테이션의 자연스러운 일부라고 본다면, 고객에게 구매를 권유하는 것은 세일즈의 종결에서 자연스럽고 반드시 해야만 하는 단계이다.

  기본적인 세일즈의 단계는 전화든 직접 대면이든 고객과의 첫 만남에서 자신이 가지고 있는 상품에 대한 필요성에 대하여 고객에게 전달하는 과정을 밟는다. 전화는 직접 대면하기 이전에 하는, 대면을 위한 접근 방법일 뿐이고 실제로 대면 이후에는 모든 것이 질문과 답변을 통해 고객이 과연 내 상품에 대하여 필요성을 느끼고 있는가를 파악하는 단계를 거친다.

이후 고객의 동의를 얻어 상품에 대한 프레젠테이션을 하게 되고, 이를 통해 고객이 만족스러움을 갖는 느낌이 오면, 혹은 그런 느낌이 잘 감지되지 않더라도 고객에게 자신의 상품을 구입하라고 요청한다. 이것이 클로징(closing) 단계이다.

세일즈 각 단계별로 클로징을 해야 한다. 처음 상담을 하면서 고객에게 상품에 대한 필요성을 인지시킨다면, 그 이후 다음 면담을 위한 약속을 하는 것도 클로징이요. 프레젠테이션을 위해 2차 면담을 한 이후 그 상품을 구매하도록 하는 것도 클로징이요, 고객이 상품을 구매하였다면 이를 전달하면서 다른 고객을 소개받는 것도 클로징이다. 또한 시간이 흘러 기존의 고객에게 추가 구매를 요청하는 것도 모두 큰 의미에서 보면 클로징이라고 할 수 있다.

우리는 가끔 시내의 큰 백화점에도 가고, 여행을 하다 지방의 중소도시에 가서 재래시장이나 특산물을 취급하는 곳도 구경한다. 깔끔하게 잘 단장되어 있고 반듯한 정장을 한 점원이 있는 백화점 매장에 가보면, 각 매장 앞을 지나가기 무섭게 점원이 "무엇을 찾으세요?"라고 물어보면서 관심을 나타낸다. 부담스럽기도 하고 해서 그들에게는 "잠시 둘러볼게요."라는 말을 많이 하게 된다.

지방의 재래시장에 가보면 좌판 앞을 지날 때 상인들이 얼마에 줄 테니 사 가라고 직접적으로 말을 건다. 나는 이곳의 상인이 더 세일즈를 잘한다고 생각한다. 어려운 이론으로 무장된 상인은 아니지만 오랜 시간 경험적으로 터득한 '요청하면 사게 된다'라는 평범한 진리를 몸소 실천하는 분들이기 때문이다.

　백화점 매장에 근무하는 분들이 서비스 마인드가 떨어진다는 것은 아니다. 매일매일 좀 더 체계적인 교육을 받고 있을 것이다. 또 내 상품이 당신에게 필요할 수 있다는 적극적인 구매 요구 행위를 하지 못하는 제약이 있을 수도 있다. 그러나 결과적으로 가만히 서 있다가 고객이 물건을 고르고 계산을 하려고 할 때에야 비로소 자기의 역할을 하는 것은 일반적인 세일즈의 원리로는 설명되지 않는 지극히 소극적인 방식이다.

　세일즈 세계에서 성공하려면 반드시 요청하는 습관을 가져야 한다.

　고객을 통해 다른 지인을 소개받는 소개 요청 습관, 구매 행위의 종결을 의미하는 구매 요청 행위, 이 구매 요청 행위에 반드시 수반되는 거절에 대한 대비와 이를 재요청하는 습관을 반드시 지니고 있어야 하며 그것이 습관이 될 수 있도록 수시로 노력해야 한다.

　언젠가 성공한 선배 세일즈맨이 내게 한 말이 있다. 참 단순하면서도 곰곰이 생각해보면 그 속에 진리가 담겨 있어 나는 이 말을 아주 좋아한다.

　"누가 죽을 때까지 매일 똑같은 것을 반복을 잘하는가에 인생의 성패가 달려 있어."

　어느 분야에서든 반복하여 습관이 되고, 이를 통해 창의성을 갖춘다면 '장인' 또는 '명장'이라는 호칭을 달게 되지 않을까……

　고객에게 무엇인가를 요청한다는 것은 매우 힘들고 어려운 일이다.

혹시나 거절하지 않을까 하는 두려움도 갖게 된다.

하지만 어렵게 해야 자신의 것이 된다. 효율성을 따지지 말고 반복하여 효율성을 갖게 해야 한다. 역경이 없다면 그것은 아무나 할 수 있는 일이다.

역경은 사람을 성장시켜준다. 그 역경을 통해 직업의 가치가 좌우된다.

어려움에 부딪혀 자꾸 쉬운 것만 찾는다면 세일즈라는 직업은 포기하는 것이 낫다. 어려워야 성취감을 느끼고, 역경을 돌파해야 직업적 성공을 이룰 수 있음을 우리는 주변에서 많이 보아왔고, 듣고 있다.

Chapter 4
전문지식으로 반하게 하라
- 프로페셔널의 매력

세일즈세계
제 **1** 의 법칙

1 자신의 가치만큼 자신에게 투자하라
• 세일즈맨이 갖고 있어야 할 지식의 양은 얼마일까

교육이 비싸다고 생각한다면, 무지(無知)로 인해 발생하는 비용은 더욱 큰 비용을 발생시킬 것이다.

세일즈라는 직업을 선택한 사람은 그 동기가 무엇이든 많은 실적과 고소득의 연봉을 목표로 일을 하게 된다. 이러한 조건이 달성된 이후라야 꿈과 희망과 가치에 대하여 논할 수 있다.

하지만 자신의 가치에 대한 구체적인 계산을 해본 사람은 많지 않을 것이다. 누구나 세일즈 세계에 입문한다는 것은 이전의 자신의 삶과는 다른 삶의 시작을 하는 것이므로 처음부터 일을 잘하는 사람은 소수에 불과하다.

전문가가 되기 위해서는 일정한 시간 동안 많은 경험을 가져야 한다. 많은 지식의 습득을 통해서만 고객에게 전문성을 인정받을 수 있다.

세일즈를 하는 사람들은 많은 것을 알고 있어야 한다. 자신이 판매하는 상품뿐 아니라 사람의 마음을 움직일 수 있는 심리적인 부분에 대해서도 연구해야 하며 금융 지식, 경제 트렌드, 부동산 세제 등 자신의 안테나를 세울 수 있는 한 세워야 한다.

왜냐하면 이 모든 것들이 고객과 상담 시 대화의 소재가 되기 때문이다. 세일즈의 가장 중요한 요소 중 하나는 대화를 어떻게 이끌고 가느냐인데 그 소재의 빈약함으로 인해 상담의 맥이 끊길 경우 성공적인 상담을 하지 못할 것은 뻔한 이치이다.

세일즈 입문 초기에는 자신이 판매하는 상품과 프로세스에 대한 지식의 정도가 일천한 관계로, 이를 지속적인 판매의 틀 안에 놓고 반복의 효과를 줌으로써 어느 정도의 성과를 거둔다.

하지만 그 시기를 벗어나기 시작하면 키 없는 배와 같이 자신의 분야에서 무엇이 우선적으로 도움이 되고, 무엇이 장기적인 미래 계획에 포함되어야 할지에 대하여 진지하게 고민하지 않는 경우가 아주 많다. 이것은 자신의 가치에 대한 진지한 고민을 해보지 않은 결과이다.

자신이 현재 몸담고 있는 분야에서 성공적인 길을 가고자 한다면 그 직업을 통해 이루고자 하는 꿈을 가지고 있어야 하고, 이 꿈을 실현시키고자 할 경우 필요한 지식과 준비할 것들과 시간 등 많은 고려 사항들이 있을 것이다. 이를 준비하는 과정이 결국은 자신에게 투자하는 길이라고 할 수 있다.

효율을 따져 일하는 사람은 그 효율이 결과적으로 주어지는 것이 아닌 한 실패하기 쉽다. 효율이라는 미명하에 당연히 지불되어야 할 비용과 반드시 지불되어야 하는 시간을 무시하고 건너뛰어 막연한 기대만을 가지면 결과를 내지 못하는 게 어쩌면 당연한 일인지도 모른다.

자신의 가치가 크다면 그 크기만큼 큰 그릇을 채울 수 있도록 외모와 지식과 학습 능력을 키워가야 한다. 세일즈는 자신을 상품화시키는 과정이기 때문이다. 명품으로 자신을 치장하고, 좋은 차로 자신을 포장하라는 이야기가 아니다. 고객의 니드는 예전과 달리 빠른 속도로 진화하고 있으며, 과거에 잘되던 방식도 이제는 구시대의 유물이 되어버린 것이 매우 많다. 따라서 시장의 변화와 고객의 니드를 파악하는 과정을 주기적으로 거치지 않는 한 시장 논리에 대응할 수 없게 된다. 이것은 세일즈를 하는 사람에게는 사형선고나 다름없고, 잠시 현상 유지는 할 수 있을지라도 그 이후의 삶에는 많은 영향을 준다.

한국의 상황을 보면, 사회인에게 교육은 시간 낭비로 여겨졌다. 사회생활을 하면서 자신의 필요에 의해 교육을 받는 것이 아니라 그 직을 유지하기 위해, 정해진 규정을 어기지 말아야만 그 보답을 받을 수 있기에 어쩔 수 없이 받게 되는 경우가 대부분이었다. 이로 인해 교육은 재미없고 쓸데없는 시간이라는 인식이 팽배한 것도 사실이다. 또한 비용을 회사에서 부담하는 경우에는 교육의 질보다는 교육을 받았다는 사실을 더 중요하게 여기기도 한다.

지금부터는 이렇게 생각해보자. 내가 무엇을 하기 위해서는 반드시 알아야 할 지식이 무엇이고, 그것을 하기 위해서는 얼마의 비용이 들어가고, 이를 통해 나 자신의 가치가 커지면 나는 얼마의 수입을 올릴 수 있으니, 나는 내 가치를 키우기 위해서라도 그것을 해야만 해, 라고 말이다.

아주 단순한 생각 같지만 이것은 자신의 경제적·사회적 가치를 증대시키고, 지불되는 비용을 당연시하여, 그 결과 자신에게 많은 것을 환원하게 하는 원동력이 되는 생각이다. 우리는 이런 생각을 통해 투자 마인드를 키우는 근간을 세울 수 있다.

좋은 비즈니스 가방을 살 때도, 경제 지식을 활용하여 내 세일즈에 도움을 받으려 할 때도, 사람을 설득하는 데 필요한 화술을 배울 때도 같은 생각으로 기준을 세운다면 적절한 투자만이 자신의 가치를 증대시키고 성장할 수 있는 모태가 된다는 것을 알게 된다.

대다수의 세일즈맨들은 자신을 위한 투자보다는 현재의 활동으로 더 많은 성과를 얻기만을 기대하지만, 연료의 공급 없이는 자동차는 가지 않는다는 평범한 진리를 깨달아야만 한다.

나와 같은 일을 하고 있는 동료들 중에 비용이 아까워 1년에 한 번 밖에 없는, 해외에서의 배움의 기회를 날려버리는 경우를 가끔 본다. 하지만 나는 그 돈이 다시 일을 할 수 있는 정신의 재충전과, 교육 기회를 통해 세상의 변화를 읽어 내가 대비해야 할 것을 알게 해주는 데 지불되는 비용으로는 모자라다고 느낀다. 자신의 가치와 투자를 해야 될 대상과 시간의 개념이 다르다는 것뿐 하는 일은 동일한데 말이다.

자신에게 투자하는 것은 미래에 써야 할 비용을 버는 것과 같다.

2. 전문지식으로 무장하기
• 고객은 똑똑하다, 고객보다 더 똑똑해져라

환자는 의사의 처방을 믿고, 그 처방대로 약을 받는 것을 너무나 당연하게 생각한다. 세일즈맨도 고객에게 그러한 믿음을 주어야 한다.

지식의 전문성을 갖추어야 할 무수히 많은 상품이 매일매일 쏟아져 나오고 그 기능을 배우는 데도 시간이 모자랄 정도로 우리는 상품과 정보의 홍수 속에 살고 있다. 상품에 대한 전문적인 지식을 갖추어야 하는 것은 세일즈를 하는 사람에게는 반드시 필요한 필요조건이며, 이를 통해 고객에게 설명하는 내용에 대한 자신감을 가질 수 있다.

고객이 무엇인가 물어올 때 그 기능을 잘 몰라 다른 사람에게 다시 묻는다면 그 세일즈맨에게는 더 이상 아무것도 묻지 않을 것이다.

세일즈 세계에서 반드시 필요한 것은 지식(knowledge)이다. 완벽한 지식만이 그 기능을 활용할 수 있는 응용력을 가르쳐준다. 표면적으로 가지고 있는 기능뿐 아니라 응용할 수 있는 방법까지 제시해줄 수 있다면, 고객은 그 또 다른 기능을 통해 세일즈맨을 신뢰할 수 있을 것이다.

항상 자신에게 물어보라.

"당신 같으면 당신 같은 사람에게 상품을 구입할 것인가?"

냉정하게 이 질문에 예스라고 대답할 수 있다면, 우선 성공하는 세일즈맨으로서의 기초는 갖추고 있다고 볼 수 있다.

지식에 덧붙여 이를 고객에게 잘 설명하는 프로세스(process)를 가지고 있어야 한다. 이것이 세일즈맨을 더욱 전문적인 직업인으로 보이게 하는 촉매제 역할을 한다.

오랜 시간 세일즈를 하면서 느낀 점은, 고객은 참 똑똑하다는 사실이다. 세일즈맨이 자신의 입장에서 상품을 판다고 느끼면 고객은 반드시 등을 돌리고 만다는 사실도 알게 되었다.

고객은 어떠한 상품이 되었든 필요에 의해 그 정보를 얻기를 원하고, 필요한 정보와 더불어 신뢰를 얻게 되면 이것이 구매로 연결될 가능성이 아주 높다는 것은 많은 세일즈맨들이 경험적으로 알고 있는 사실이다.

하나의 상품을 판매하기 위해 상품에 대한 전문적인 지식과 더불어 유행과 시장의 흐름, 또 이것과 결합되면 시너지를 일으킬 다른 아이템, 감각 등 주변의 모든 것에 관심을 가지고 지속적으로 연구할 때 진정한 전문가라는 평가를 받을 수 있다. 또 이러한 평가는 업계 내에서 세일즈맨의 위상을 바꾸는 역할을 하기도 한다.

결론적으로 한 분야에서 전문가로 인정받고 산다는 것은 대단히 매력적인 일이다. 그 전문적인 영역을 고객이 알아주고 좋은 관계를 유지한다는 것은 세일즈를 하는 사람에게는 더없는 재산이라고 할 수 있다.

그렇지만 모두 전문가가 될 수 있는 것은 아니다. 해당 업종에 종사하고 있다는 사실만으로는 전문가라고 보기 어렵다. 지속적인 업종의 분석과 상품의 장단점을 연구하여 고객에게 더 나은 서비스를 제공할 수 있는 준비된 사람만이 전문가로 평가받을 수 있을 것이다.

물론 평가는 고객의 몫이고 그 결과는 판매의 종결로 나타나겠지만, 이를 통해 자신의 직업에 대한 무한한 가능성과 비전을 보았다면 당신은 전문가임이 틀림없다.

3
평범함으로 승부할 수 없는 직업
• 세일즈맨이여, 실력을 키워라

"주도적인 노력으로 스스로의 인생을 향상시키는 인간의 불가사의한 능력보다 더욱 고무적인 것은 없다."
- 헨리 데이비드 소로

세일즈에 관한 한 아무도 평범하게 하고 싶은 사람은 없을 것이다. 좀 더 나은 결과와 다른 무엇인가로, 평범보다는 비범함으로 인정받고 싶은 것이 인지상정일 것이다.

그렇다면 무엇이 평범하지 않은 탁월함으로 이끌어줄까?

아무리 좋은 상품을 가지고 있어도 파산한 유명한 세일즈맨도 있고, 추운 지방에서 아이스크림을 팔아 성공한 세일즈맨의 사례도 있다.

진정으로 탁월하다는 것은, 평범한 상품을 팔면서도 세상에서 가장 좋은 상품을 파는 평범한 세일즈맨보다 더 많은 물건을 팔 수 있다는 것을 의미한다.

야구에서, 스윙의 수가 같아도 3할의 타율을 가진 야구 선수는 2할의 타율을 가진 선수보다 훨씬 더 자주 타석에 설 수 있는 기회를 가진다. 이는 세일즈맨으로서 성공한다는 것은 전화를 자주 하는 횟수에만 달려 있는 것이 아니라 판매하는 결과의 수에 달려 있다는 것을 의미한다.

평범하다는 것은 일을 성사되게끔 하는 것이다. 탁월함이라는 것은 성사될 일을 하는 것이다.

수백 가지의 판매 대본과 판매를 종결해내는 수십 가지의 테크닉을 알고 있다 하더라도, 인간의 본성을 진정으로 이해하지 못하거나 나의 가망 고객이 왜 그렇게 행동하는지를 알지 못한다면 충분히 성사될 만한 일을 가지고도 세일즈맨으로 성공하지 못한다.

변화된 세일즈 환경

높아진 교육 수준과 세련미 등, 질적인 측면을 따지는 고객이 많아졌다. 이는 고객을 만족시키기가 더욱 어려워졌다는 이야기이며, 고객은 자신들이 지불하는 돈의 가치보다 더 많은 것을 원한다는 의미다.

입장을 바꾸어서 내가 소비자라면 어떻게 하겠는가를 항상 머릿속에 염두에 두어야 한다. 우리들도 질 좋은 상품과 효율적인 서비스를 기대하기는 마찬가지다.

또한 고객은 무엇인가 잘못되었을 때 회사나 세일즈맨이 지속적인 서비스를 해줄 것을 기대한다. 이것은 세일즈맨들이 그들의 영역에서 전문가로서 오래 정상을 유지하고 있어야 함을 의미한다. 왜냐하면 고객은 이전 어느 때보다 더 많은 것을 우리에게 기대하기 때문이다.

오늘날 고객은 많은 선택권을 가지고 있다. 아주 차별화된 이점을 제공하지 못한다면 계속하여 가격은 구매에 결정적인 요소로 작용할 것이고, 더 이상 가격 경쟁력이 없을 때 고객으로부터 외면당하는 것은 시간 문제일 것이다.

따라서 고객들에게 물건을 사도록 하는, 다른 세일즈맨들과는 확연히 다른 무엇인가를 제공해야 한다는 것이 어쩌면 이제는 당면 과제가 되었다고 해도 과언이 아니다.

이는 좀 더 신속한 서비스와 최신의 상품 정보로 더 나은 관계를 형성해야 함을 뜻한다. 이것은 세일즈 세계에서의 성공이 팔고 있는 상품보다는 세일즈맨으로서의 자세, 기술, 능력에 점점 더 많이 의존하게 될 것이라는 의미이기도 하다.

소비자는 스스로 시간을 낭비하고 있는 세일즈맨을 원하지 않는다. 진정으로 성공하고자 한다면 만나는 모든 사람들에게 자신의 서비스와 상품을 보여주느라 허비할 시간이 없는 것이 성공하는 세일즈맨들의 실상이다.

오늘날 급변하는 시장에서 살아남기 위해서는 분명하고 효과적인 전략이 필요하고, 그 전략을 수행할 수 있는 기술들도 필요하다. 또한 그 전략이 자신에게 유효하도록 하는 노하우도 필요하다.

이런 것들을 습득하고 적용하고 익숙해질 때 평범한 세일즈맨으로서가 아닌 탁월한 세일즈맨으로서 새로이 자리매김할 수 있으리라 확신한다.

전략적 판매 과정

전문적인 세일즈맨이라면 자신의 행동과 말의 의미에 대하여 많은 고민을 한다. 어떤 판매 상황에서도 적절히 대응할 수 있는 감각을 기르고, 판매의 기본 바탕 위에서 움직여지는 마인드를 형성한다. 이것이 세일즈맨의 본성이다.

전략적으로 움직인다는 것은 전문성을 띤다는 것이고, 이 전문성은 상품을 팔아달라고 하는 행위를 넘어 고객의 상담자가 된다는 의미다.

이를 위해서는 정보만을 늘어놓는 것보다 고객의 문제를 해결하는 것에 초점이 맞추어져야 한다. 또한 단순히 일을 한다는 차원을 넘어서 전문적인 직업인으로서의 커리어를 쌓는 것에도 중점을 두어야 한다. 왜냐하면 자신을 전문가로 생각하고, 다른 사람도 마찬가지로 생각하게 하는 이미지를 만들어주기 때문이다.

스스로 이러한 이미지를 만들어내어, 고객이 당신을 전문가로 떠올리게 하는 것이야말로 전략적으로 판매하고 이를 통해 전문가로서 자리매김하는 첩경이 될 것이다.

Positioning

대형 할인매장에 가보면 진열대 앞에 가장 잘 보이는 곳에는 유명

브랜드의 상품이 놓이고 인적이 드문 곳에는 사람들의 관심이 적게 가는 브랜드로 채워져 있는 경우를 많이 볼 수 있다. 포장된 방식과 진열된 방식은 구매자의 의사 결정에도 큰 차이를 불러온다.

또 다른 예로, 유명 디자이너가 디자인한 정장이 두 벌 있는데 한 옷에는 그 디자이너의 이름이 라벨로 붙어 있고, 다른 한 옷에는 아무런 라벨이 없다고 할 때 여러분은 어떤 것을 구입하겠는가? 품질이나 다른 모든 것이 같다면, 비용을 더 많이 지불하고라도 라벨이 붙은 것을 살 것이다.

사람들이 상품을 구입할 때 그 종류에 따라 떠오르는 이미지가 있고 그것을 대표하는 브랜드를 하나 정도는 알고 있다면, 당신 자신이 우선 먼저 떠오르는 이미지에 해당되게 하는 것이 바로 포지셔닝이다.

결국 고객에게 이런 말을 듣는다면 진정 당신은 가장 좋은 포지셔닝을 했다고 볼 수 있다.

"내 가정에서 빈번하게 발생하는 것을 모두 상의드릴 사람이 당신밖에 없어서 전화 드렸습니다."

4 세일즈맨은 평생 교육을 받아야 한다
• 세상은 끊임없이 변화한다, 그 변화를 따라가라

"만약 당신이 성공하기를 원한다면, 그것은 아주 간단한 일입니다. 당신이 지금 무엇을 하고 있는지 알아보십시오. 당신이 하고 있는 것에 애착을 가지십시오. 당신이 하고 있는 것을 분명히 확신하십시오. 그것은 간단합니다."
- 윌 로고스

세일즈 세계에서든 또 다른 세계에서든, 사람은 그들의 인생을 통해 무엇인가를 배우고 알아가려고 하는 쪽과 그러지 않고 인생을 단순한 시간의 나열로 인식하여 허비하고 사는 쪽으로 나뉜다.

직업적으로 무엇인가 우리 인간들에게 도움이 되는 것을 판매해야 한다면, 그 자신이 무엇을 하고 있는지를 알고 있어야 하고, 그러기 위해 '준비'라고 하는 것이 끝이 아니라 계속적인 과정임을 알아야 한다.

이 준비의 과정은 일정하게 고정되어 있는 것이 아니고 계속 움직이는 것이다. 학교는 성공하기를 원하는 사람들의 욕구를 충족시켜주지 못한다. 경제 연구소들은 경제가 급격하게 변화하기 때문에 살아가면서 적어도 네 번은 재교육을 받아야 한다고까지 말한다. 이는 어떤 특정 분야에 종사하고 있느냐의 문제가 아니며, 이 점이 우리가 바로 명심해야 할 부분이다.

어제는 옳았고 또 옳은 것이라고 할 수 있었던 게 오늘은 의심스러워지고 내일은 틀린 것이 될 수도 있다. 우리는 이 세상을 살아가는 동안 갑자기 전혀 새로운 일을 요구받게 될 수도 있음을 알아야 한다. 그 새로운 일이 이전에는 경험해보지 못한 일일 수도 있다.

지식은 하루가 다르게 변하고 일을 하는 방법도 향상되고 있기 때문에 오늘날 사람들은 거기에 맞춰 적응하는 것이 필요하다.

1900년대까지는 지식의 축적이 매 세기마다 배로 늘어났다고 한다. 그리고 2차 세계대전이 끝났을 때는 25년 만에 배로 늘었다. 오늘날 여러 연구 기관의 조사에 따르면, 현재의 지식의 양은 5년마다 배로 늘어난다고 한다. 그렇다면 안이한 상태에서 계속 현재의 위치를 그대로 유지할 수 있다고 생각하는 사람들이 설 곳은 어디일까? 그 답은 누구나 알 것이다.

성공이라는 과정을 지나면서 중요한 것은 우리가 계속 앞으로 전진해야 한다는 점이다. 미리 설정된 하나의 목표를 실현하고, 이러한 실현들이 점들로 연결된 선으로서 우리의 인생을 살아야 한다.

우리의 성장에는 결코 끝이 있어서는 안 된다. 충분히 이룰 수 있는 목표를 선택한 사람은 이미 그 자신의 한계를 드러내고 있는 것이다. 성장을 멈출 때 우리는 죽어가는 것이다.

오늘날의 지식은 그 양과 질이 많고 깊어지고 있다. 그러므로 자신의 직업과 직장에서 전문화하는 것이 점점 더 중요해지고 있다.

기본적이고 일반적인 것은 물론이고 어느 정도는 특별한 지식을 가져야 한다. 이것은 시간이 걸리고 그 시간을 겪어가는 동안 주변의 환경과 신체적인 제약으로 인해 고통도 따른다.

링컨은 이 세상에는 오직 하나의 부(富)가 있을 뿐이고 그 부는 사람이 일을 보다 잘 수행하는 능력이라고 말했다. 그렇기에 우선 그 능력을 아는 것으로부터 시작되어야 함을 강조하였다. 어떠한 개성이나 또 다른 무엇으로 지식을 대신하려고 하는 사람은 잘못된 것이다.

어느 날, 성공한 고무 공장 사장이 연설을 하였다. 그리고 청중의 질문을 받는 시간도 마련되었다. 그러자 앞줄의 젊은이가 어떻게 이런 커다란 회사의 사장이 되었는지를 물었다. 고무 공장의 사장이 대답을 했는데, 그 대답은 어떻게 지식을 차별화하고 전문화해야 하는지에 대한 좋은 예가 된다.

"저는 과거에 주유소에서 일했습니다. 늘 반복되는 일을 하면서도 조금도 발전이 없었습니다. 그러던 어느 날, 저는 누구든 성공하려면 어떤 특정 제품에 대해 모든 것을 배워야 한다는 것을 알게 되었습니다. 그래서 휴가 기간 동안 고향에 내려가 기술자들이 고무 타이어를 만드는 과정을 지켜보았습니다. 또한 그들이 나일론 밧줄을 접착하는 것도 관찰하였습니다. 그리고 다른 휴가 기간 동안에는 고무나무를 어떻게 심는지, 천연 그대로의 고무 원료를 어떻게 뽑아내는가를 알기 위해 아프리카로 가기도 하였습니다. 저는 제가 생산한 제품에 대해 '이것은 제가 알고 있는 것입니다. 저는 기술자들이 가장 안전한 타이어를 만드는 것을 직접 관찰하였습니다. 저는 세계에서 가장 좋은 타이어 원료인 천연 고무를 어떻게 뽑아내는지 직접 보았습니다.'라고 말합니다."

이 사례는 확신과 경험으로 다져진 전문가의 말보다 더 영향력을 미치는 것은 이 세상에 존재하지 않는다는 것을 잘 보여준다.

자기가 알아야 할 것을 아는 사람은 그 누구도 따를 수 없는 권위를 가지고 이야기할 수 있으며, 성공은 자기가 무엇을 하는가를 분명히 알고 있는 사람에게 주어진다.

어떠한 분야든 새로운 기술과 지식이 필요치 않은 곳은 없다. 그리고 미리 준비하고 지속적인 학습을 하는 사람만이 살아남을 수 있다. 여기에 이의를 제기하는 사람을 없을 것이다.

그렇기에 그 학습은 평생 지속되어야 하며, 고통스럽더라도 즐거움으로 받아들이는 사람만이 성공이라는 배에 오를 준비가 된 것이다.

프로 세일즈맨이란 세일즈 테크닉과 고객에 관한 자료들로 가득 찬 자신만의 공간을 만들어나가는 사람이다. 의대를 졸업하고 더 이상 공부하지 않는 의사나, 법대를 졸업하고 더 이상 공부를 하지 않는 변호사에게 당신의 몸이나 소송을 맡기고 싶지는 않을 것이다. 마찬가지로 살아 있는 지식을 가지고 있지 않은 세일즈맨에게 고객은 자신의 일을 맡기지 않는다.

세일즈의 프로가 되려면 반드시 날마다 읽고, 공부하고, 자극이 되는 교육적인 테이프나 영상을 듣고 보아야 한다. 이 말은 아무리 강조해도 지나치지 않다. 프로들이 진행하는 클리닉이나 세미나에 참석하고, 그런 후 방법과 아이디어를 자신의 구체적인 상황에 맞게 수정하고 적용하기 위해 노력해야 한다. 이렇게 해야만 끊임없이 자극을 받고, 정보를 얻고, 앞서 나아갈 수 있다.

5

당신은 프로 몇 단입니까?
• 세일즈의 세계에서 프로가 되는 법

프로는 행동을 먼저 하고 생각을 나중에 하지만, 아마추어는 행동하기 전에 생각을 먼저 한다.

언젠가 고객과 상담하기 위해 한 회사의 화장실에서 복장을 점검하면서 거울에 쓰인 글을 본 적이 있다. 바로 위의 글이다.

내가 프로라고 생각해본 적조차 없던 그때 프로라는 것이 얼마나 전문적이고 냉정한 면이 있는지 다시 한 번 생각하게 했다.

내가 세일즈를 시작하면서 요구받았던 것 중 하나가 '프로 직업에 대한 태도를 어떻게 가질 것인가'에 대한 자세의 정립이었다. 이 과정에서 아주 많은 방식들을 접하면서 우선적으로 깨달은 것은 행동은 사람의 습관을 바꾸고 그 습관은 자연스럽게 생각의 변화를 준다는 사실이었다. 그런 면에서 보면 행동을 먼저 하는 것이 프로의 자세라는 점에 동의할 수밖에 없다.

세일즈는 경험의 직업이다. 반드시 고객을 면전에 두고 일해야 하는데, 고객과의 대면에서 얻어지는 경험이 지식이 된다면 이러한 대면을 자주 하면 할수록 경험이 늘어나고 그 늘어나는 경험이 어느 새 자신만의 노하우가 되어 하나의 룰(rule)을 만든다. 그렇다면 행동을 먼지 하는 것은 세일즈의 세계에서 너무나 당연한 말이 된다.

하지만 대다수의 평범한 세일즈맨들은 사무실 책상에서 생각을 먼저 하고 그 생각에 따라 행동을 하려 한다. 이로 인해 생기는 것은 행동으로부터 발생하는 거절에 대한 두려움뿐이다.

세일즈란 고객의 거절을 먹고 사는 직업이다. 거절이 당연시될 정도로 내성이 생기기까지 항상 두려움을 곁에 두고 산다. 생각을 많이 하면 할수록 사람은 두려움에서 헤어나지 못하고, 이로 인해 몸이 움직여지지 않는 악순환을 반복하게 된다.

프로라는 말에 대하여 진지하게 고민해볼 필요가 있다. 단순히 시간이 흘러 그 직업에 오랜 시간 머물러 있다고 해서 프로라고 할 수 있을까? 아니다. 프로는 직업에 몸담은 시간보다 그 직업을 통해 얻어진 경험의 많고 적음에서 아마추어와 구분되는 것이다.

이름만 대면 알 만한 프로 야구 선수가 있다.

국가 대표를 지냈고, 프로 선수로는 만지기 힘든 돈도 벌어보았던 이 선수가 최근 2년 동안 극심한 슬럼프를 겪고 나서 2008년에 다시 첫손에 꼽히는 선수로 자리매김하였다. 이 선수에게 한 기자가 인터뷰를 한 기사가 있는데, 이 기사에 그를 지도하는 감독의 훈련 방식에 대한 이야기가 나온다.

그 감독은, 시즌 중에는 비가 와서 경기가 취소되더라도 각 선수마다 천 번의 스윙 연습을 시켰는데, 이를 두고 혹자는 그 훈련의 무용론을 제기하기도 했다. 많은 스윙이 반드시 기술의 진보로 이어지는 것은 아니라는 이유였다. 일리 있는 지적일 수도 있다. 일정 수준에 올라간 선수들은 저마다의 노하우가 있기 때문이다. 더 많이 친다고 한순간에 달라지는 무엇이 있을 거라고 기대하기는 어렵다. 하지만 이 선수는 달리 생각하는 듯했다. "하루에 천 개, 2천 개씩 치며 얻어지는 것이 있나요?"라고 물었을 때 전혀 다른 답이 나왔다.

"기술이 되면 좋은 성적을 낼 수 있습니다. 하지만 기술 못지않게 중요한 것이 마인드입니다. 어떤 마음을 먹느냐에 따라 안 되는 것도 되고, 되는 것도 안 되는 거라 생각해요. 많이 치다 보면 기술적으로도 느는 부분이 있습니다. 그러나 더 중요한 것은 비오듯 땀을 흘리면 계속 생각을 하게 된다는 것입니다. 쉼 없이 방망이를 휘두르다 보면 화도 나고 짜증도 납니다. 내가 왜 이걸 하고 있나 싶습니다. 하지만 그러면서 조금씩 생각을 하게 됩니다. '왜 이렇게 해야 하는 걸까?' '어떻게 하면 되는 걸까?' 자꾸 생각을 하다 보니 조금씩 달라지는 나를 느낍니다. 죽어라 하고 방망이를 휘두르며 스스로에게 질문을 던지는 거죠. 어제 첫 타석 카운트 1-1에서 조금 더 공격적으로 쳤어야 했는데, 그럼 좋은 타구를 만들고 게임 상황이 이렇게 변했을 텐데……, 하는 답에도 이르게 됩니다. 한 타석 한 타석이 소중한 만큼 절대 후회를 남겨선 안 된다는 독기를 품게 되죠. 이것은 그냥 무의미하게 훈련만 하면 얻을 수 없는 것들입니다. 그런 마음들이 다음 경기에서 분명 좋은 결과로 이어집니다."

이 선수의 이야기는 반복적인 경험 속에서 얻어지는 생각들이 자신에게 얼마나 많은 교훈을 주는지에 대한 행동 지침을 알려주고 있다.

세일즈 세계는 프로의 세계이다. 세일즈 결과에 대한 보상이 모두 차등적으로 이루어지고, 고객과의 관계에 대한 깊이도 서로 차이가 나고, 세일즈되는 아이템이 무엇이냐에 따라 가치와 소득의 크기도 다르다. 그렇다면 이러한 세일즈의 세계에서 살아남기 위해 반드시 필요한 것을 우선적으로 꼽으라면, 그것은 무엇일까?

그것은 프로처럼 행동하고 프로처럼 생각하는 것이다. 이는 연습으로 만들어지는 것이지 처음부터 하늘에서 뚝 떨어지는 것이 아니라는 사실을 명심해야 한다.

6 우리의 방향감각
• Keep it simple and keep it smile

방향이 없는 열정은 키 없는 배와 같다.

개인적인 역량과 시스템이 결합되어 균형을 이루면 목표를 이룰 수 있다.

세일즈를 향상시킬 수 있는 가장 중요한 부분을 시스템화하고 단순화하여 이것이 습관이 되도록 타협하지 않고 지속적인 활동을 한다면 반드시 목표한 곳에 도달할 수 있다.

다음의 그림에서 보듯 시스템과 개인의 역량이 힘의 균형을 갖지 못할 때 우리는 목표를 잃어버리고 제자리에서 맴돌기만 한다. 또한 지속적이고 반복적인 힘의 원천은 습관이기에, 이 습관이 반복적으로 이루어지지 않을 경우 또한 목적지에 도달하지 못한다.

얼마 전 사망한 루치아노 파바로티를 기억해본다면, 그의 인생에서 선택과 노력이 얼마나 단순하면서도 오랜 시간 동안의 노력의 산물인지를 알 수 있다.

세계 3대 테너 중 한 명이던 루치아노 파바로티에게 사람들이 어떻게 그런 훌륭한 성악가가 될 수 있었는지를 물었다. 자신의 장래를 결정하던 순간을 회상하던 파바로티는 "어려서 아버지의 노래를 듣고 자랐고, 아버지의 노래는 경이로움 그 자체라고 느꼈습니다. 아버지는 빵을 구워 내다 파는 일을 하셨고, 눈코 뜰 새 없이 바쁘신 때에도 아들이 목소리를 잘 다듬을 수 있도록 항상 격려해주셨습니다."라고 말했다.

몇 년 후 대학에 들어간 파바로티는 성악이 아닌 교육학을 전공하면서 직업 테너로 활동하고 있던 아리고 플라의 제자가 되었다. 파바로티는 대학 졸업을 앞두고 앞으로의 진로에 대해 아버지와 많은 이야기를 나누었다.

"아버지, 교사가 되어야 할지, 성악가가 되어야 할지 아직 결정하지 못했습니다. 두 가지 모두 제가 하고 싶었던 일이니까요."

그러자 파바로티의 아버지는 이렇게 대답했다.

"루치아노, 저기 놓여 있는 두 개의 의자를 보아라. 의자 두 개에 한꺼번에 앉는다면 무슨 일이 생길지 생각해보렴. 아마 제대로 앉지도 못하고 바닥에 떨어질 게다. 인생도 마찬가지란다. 의자는 단 한 개만 선택해야 한단다. 서두르지 말고 신중하게 생각해도 늦지 않을 거다."

아버지의 말씀에 따라 파바로티는 자신의 진로를 신중하게 결정했다. 그리고 그는 성악을 택했다.

하지만 진로를 결정했다고 해서, 그가 당장에 유명한 성악가가 된 것은 아니었다. 성악가가 되려고 마음먹은 그에게 미래는 그리 밝지 않았다. 이후 파바로티가 직업 성악가로서 최초로 무대에 서기까지 얼마나 시간이 걸렸을까? 그는 피나는 훈련과 실패를 거듭한 끝에 7년 만에야 처음으로 무대에 설 수 있있다. 게다가 대도시의 오페라 무대에 단역으로 출연하기까지는 7년의 시간이 더 필요했다.

성악가로서 최고의 자리에 올랐던 루치아노 파바로티. 그가 성악을 택한 후배들에게 항상 충고하는 말이 있다.

"벽돌공이 되든, 작가가 되든, 의자는 하나만 선택하십시오. 그리고 나서 자신이 결정한 것에 온몸을 바쳐야 합니다."

고통 없는 포만감은 없다. 하지만 그 고통을 즐기고 싶어하는 사람 또한 아무도 없다.

선택한 모든 것에 긍정적인 생각을 가지고 단순하게 지속적인 습관을 형성해나간다면 미래는 모두 선택하는 사람의 몫이다.

7
내가 파는 상품을 완전히 이해하라
• 혼다 자동차의 세일즈 기법 엿보기

"자기 분야와 관련된 필수 지식에 정통할 때, 당신은 고객 앞에서 능력 있는 세일즈맨이 될 수 있다. 깊은 지식이 위대한 세일즈에 필요한 자신감을 길러주기 때문이다."
- 제리 애커프

1990년대, 미국인들에게 가장 사고 싶은 자동차가 무엇인지 물었을 때 거의 대부분은 혼다 어코드를 꼽았다. 더 고급스러운 차량이 많음에도 혼다 어코드를 가장 사고 싶어하는 차라고, 꿈의 자동차라고 대답했던 건 결정적으로 다른 자동차에 비해 수명이 길고, 고장이 없으며, 유지비가 저렴하다는 장점 때문이었다.

한국 사람들은 자동차를 선택할 때 가장 중요시하는 것이 디자인과 내부 장식이라고 한다. 매우 대조적인 사고방식이다.

미국인들에게 혼다 어코드가 꿈의 자동차가 되기까지에는 분명한 이유가 있었다. 혼다사의 철저한 세일즈맨 교육이 그러한 결과를 낳았다고 알려져 있다.

혼다 자동차는 자사의 세일즈맨들에게 혼다 자동차에 대한 완벽한 지식을 주입시킨 뒤에 비로소 현장에 내보낸다. 자동차를 사러 가면 대부분의 세일즈맨들은 매장에 전시된 자동차가 몇 기통 엔진이고, 그에 따른 옵션은 어떠한지, 그 자동차의 연비는 어느 정도인지조차 잘 모르는 경우가 많다. 이에 비해 혼다 자동차의 세일즈맨들은 분명히 다른 점이 있다. 대부분의 자동차 세일즈맨들이 단순히 세일즈를 잘할 수 있는 테크닉과 서비스 교육을 받을 때, 이들은 자동차에 대한 지식까지 철저하게 교육받는다. 자동차의 엔진·미션·새시 등이 다른 회사의 자동차와 어떻게 다른지, 왜 연비가 다른 차들보다 낮은지, 자동차 몸체의 철판 두께는 얼마인지에 이르기까지 자동차를 거의 분해했다가 조립할 정도로 철저하게 교육을 받고 있다.

이와 같은 이치로, 보험이나 그 밖의 여러 상품을 파는 세일즈맨은 상품의 기본 정보를 알아야 다른 상품과 비교해서 자사의 상품이 어떠한 장단점을 가지고 있는지를 고객에게 설명할 수 있다.

한국의 상황을 보면, 매일 아침의 조회든, 주간 미팅이든, 어떠한 공식적인 자리가 마련되면 그 시간에 신문 기사나 세일즈 활동의 과정에 필요한 아이디어를 제공해주고, 고객과 만나서 이야기할 소재로 그것들을 사용할 수 있게 많은 시간을 할애하는 것을 볼 수 있다. 하지만 이렇게 밥숟가락을 손에 잡혀주어야 밥을 먹을 수 있는 세일즈맨이라면 각종 상품에 대한 비교 분석은 차치하고라도 상품의 구조에 대한 설명조차 차분하게 고객에게 해줄 수 있을지 의구심이 든다.

마찬가지로 아르마니 양복을 파는 백화점의 세일즈맨이라면 아르마니가 언제 태어났으며, 어떤 과정을 거쳐 디자이너가 되었고, 이브 생 로랑이나 구치 제품과는 어떤 차이가 있는지를 고객에게 설명할 수 있어야만 한다. 그래야 세일즈맨으로서 자격이 있지 않을까.

이러한 과정을 거친다면 고객은 그 가치를 인정하는 순간 가격이 비싸다는 생각을 상대적으로 덜 하게 될 것이고, 비싼 가격을 지불하는 대가로 자랑스럽게 그 옷을 입고 진가를 느낄 것이다.

상품을 판매하는 모든 세일즈맨은 본인이 판매하는 상품을 꿰뚫고 있어야 고객이 어떤 질문을 하든 확신을 갖고 자사 상품의 장점을 타사 상품의 장단점과 비교해가면서 설명할 수 있고, 고객은 의심 없이 구매를 결정할 수 있다.

동시에 상품에 대한 지식이 있는 세일즈맨은 그 상품을 자신이 먼저 구입할 정도로 애정을 갖게 된다. 그 상품에 대한 확신을 갖게 되면 남에게도 그 상품을 자신 있게 권할 수 있어, 종국에는 상품 판매량이 증가되는 결과로 이어진다.

이를 위해서는 생산에서부터 판매에 이르기까지의 모든 공정과 제품에 대한 교육이 회사로부터 끊임없이 제공되어야 하며, 세일즈맨은 자신의 세일즈와 관련된 공부를 게을리하지 않아야 한다. 또 자신의 직업에 대한 확신과 프로 정신을 고양시켜야 할 것이다.

"모든 세일즈는 고객의 마음속에 상품이나 서비스의 가치를 높이는 교육적인 프로세스이다."

-지그 지글러

8

당신만의 골든 매뉴얼을 만들어라
• 목표 세우기

"당신은 바로 당신 자신의 창조자이다."

- 앤드루 카네기

나침반은 방향을 알려주지만 그보다 더 중요한 것은 가야 할 방향 이전에 어디로 갈 것인가이다.

많은 사람들 중 7%만이 목표를 달성한다. 나머지 93%는 이 7%의 목표를 달성한 사람의 지배를 받는다.

목표는 생존의 필요충분조건이다. 세일즈에서 목표는 대단히 중요하다. 그런데 성취해본 사람이 목표 수립을 더 잘한다.

세일즈맨은 정해진 연봉이 없다. 자신이 받고 싶은 연봉이 있을 뿐이다. 그래서 자신의 연봉을 자기 자신이 결정한다. 이것이 세일즈 세계에서의 삶의 주도권이다.

상품을 판매하는 조직은 그 대상이 무엇이든지 판매 수량과 수입과의 상관관계를 세일즈맨에게 알려준다. 하지만 어떻게 목표를 수립하고 이것을 도달해가야 하는지에 대한 구체적인 제안과, 목표를 달성하는 사람도 결국은 세일즈맨이므로 내가 어디까지 와 있는지를 보여주는 시스템이 뒷받침되지 않을 경우 목표에 도달할 수 없다.

그런 면에서 보면 나는 그래도 행운아인 듯싶다. 세일즈를 체계적으로 배우고, 목표를 세우고 이를 실천하는 방법을 구체적이면서도 체계적으로 배울 수 있는 기회를 얻었기 때문이다.

이제부터 목표를 세우는 연습을 해보기로 하자.

목표라는 단어는 매우 추상적이고 포괄적인 단어이다. 이것을 구체화하는 작업이 목표 수립이다.

"당신의 목표는 무엇인가요?"라고 누군가 묻는다면 뭐라고 답변할 수 있는가? 아마 대답하기 힘들 것이다.

결국 질문이 잘못되었다는 말이다. 목표는 구체적이고 확연하게 눈에 보여야 한다. 그를 통해 자신이 달성할 수 있을지를 가늠하게 된다. 물론 달성할 수 있다는 자신감은 반복되는 성공의 경험을 통해 '조금만 더'를 외치면서 얻게 되는 것이지만 말이다.

세일즈를 처음 시작하면 경험이 적기 때문에 구체적인 목표 수립을 하는 데 많은 시간이 걸리고, 자신의 것이라고 동의하기 어려운 막연한 숫자를 제시받게 된다.

가령 "일주일에 상품 몇 개를 팔면 당신의 수입이 얼마가 된다. 실패하지 않으려면 일주일에 몇 개씩 팔아라."라는 식의 단순한 숫자 계산을 하게 만든다.

이것은 목표가 아니다.

자신이 미래에 서 있을 곳의 주변 상황을 상상하면서 거기에 도달하기 위해 내가 지금부터 해야 하는 액션 플랜(action plan)은 무엇인가가 목표가 되어야 한다. 다시 말해 세일즈 초기 2년 정도는 구체적인 연봉이나 수입에 목표를 두어서는 안 된다. 2년 정도는 자신의 습관에 목표를 두고, 구체적인 액션 플랜에 목표를 두어야 한다.

| 직업적인 목표

1) 황금률

몇 명을 만나서 얼마나 일해야 상품이 몇 개가 팔리더라 하는 통계치를 가지고 있는가? 이것이 없다면, 그 통계치를 만들기 위해 가능한 한 많은 시간을 투입하여 자신의 한계를 시험하는 과정을 반드시 거쳐야 한다. 보통은 3개월 정도의 시간을 투입하고 그 3개월 동안의 평균값이 자신의 통계치가 될 수 있다.

주의할 것은 이 기간 동안 자신의 한계를 시험하고 나면, 다시 그 한계를 넘을 가능성이 높지 않다는 사실이다. 그래서 세일즈를 처음 하는 사람들의 초기 상품 판매 한계를 불가능하리만큼 높게 설정하는 것이다.

세일즈는 행동 패턴이 기계적이고 때로는 과학적이라고 할 수 있다.

물론 세일즈 대상이 사람이기 때문에 기계적이라는 표현이 어울리지 않을 수도 있지만, 그래도 세일즈 활동의 패턴은 기계적이다.

여러분은 벼룩의 예를 잘 알고 있을 것이다. 벼룩을 병 속에 넣고 뚜껑을 덮으면 나중에 그 뚜껑을 열어놓아도 더 이상을 뛰지 못하는 것과 마찬가지로, 자신의 통계치를 확인하는 시간에는 반드시 3개월 이후에 누워서 숨만 할딱할딱 쉴 수 있을 정도로 목표를 높게 잡고 자신의 한계를 시험해보아야 한다. 이때 자신과의 타협은 금물.

2) 몇 명을 상담해야 하는가?

상품을 판매하기 위해 과연 나는 하루에 몇 명을 상담해야 하는가에 대한 통계치가 나오면 이를 토대로 일주일간 몇 시간을 상담하고, 몇 명과 상담할 것인지를 스스로 정하게 된다.

이것은 상품을 판매하기 위해서는 그 대상이 되는 사람을 몇 명을 확보해야 하는지에 대한 문제로 귀결되고, 이를 위해 나는 몇 명을 소개받을까, 아니면 다른 어떠한 방법으로라도 상담을 할 수 있는 사람을 어떻게 만들 것인가의 문제에 결국 도달하게 된다.

고객이 없는 세일즈는 존재 의미가 없기 때문이다.

3) 성공률은?

상품을 판매하는 기술은 그 판매를 지속적이고 반복적으로 하면서 늘게 된다. 당연히 초기보다 시간이 흐를수록 판매에 대한 성공 확률이 높아지기 마련이다.

　매월, 3개월마다, 6개월마다, 매년 자신의 판매에 대한 성공 확률이 얼마나 되는지를 확인해가는 과정도 중요하다. 일정하게 기간이 경과하면 성공 확률은 어느 정도의 숫자에 수렴해가는 것을 확인할 수 있을 것이다.

　최소한 2년간의 수련 과정을 거치면 이를 통해 자신의 성공 확률을 어느 정도 파악할 수 있다. 다시 자신의 큰 목표에 이를 어떻게 사용할지는 차차 설명하도록 하겠다.

　4) 평균 판매 단가는?

　자신이 판매하는 상품은 종류가 여러 가지일 것이다. 목표를 수립하기 위해 세 번째로 해야 할 일이, 이것을 평균하여 평균적인 판매 단가는 얼마고 몇 개의 판매에 개당 얼마의 단가가 적용되는지 하는 구체적인 데이터를 확보하는 것이다.

　물론 상품의 대상에 따라 차이를 가질 수 있고, 어떤 상품은 개당 판매가를 평균 내기 어려울 수도 있다. 그렇다면 매월 판매한 판매고의 3개월 또는 6개월간의 평균 매출 대비 자신의 보수 평균이 어느 정도 되는지를 파악하는 방법도 좋다.

　이렇게 파악된 결과물을 가지고 목표를 수립해야만 제대로 된 세일즈 목표를 세울 수 있다.

5) 단기 · 중기 · 장기 목표 수립

세일즈를 한다는 것은 세일즈라는 운동을 하는 것이고, 이 운동경기에 필요한 도구들이 세일즈 스킬이며, 판매의 대상이 아이템일 뿐이다.

이 세일즈 자체가 삶의 목적이 되어서는 안 되며, 세일즈를 통해 나는 어떠한 인생을 살 것인가를 정하고 그 여정을 밟아가는 것이 결국은 목적지에 다다르는 과정이라고 할 수 있다.

위 네 가지의 목표 수립의 요소들을 어느 정도 파악했다면 이를 통해 1년, 3년, 5년, 10년 이후의 목표를 세울 수 있을 것이다.

자신이 해온 경험치를 계량화한다는 것은 세일즈 조직에서는 대단히 중요한 요소이다. 내가 나의 상황을 알아야 목표라는 것을 설정할 수 있기 때문이다.

사업적인 목표를 세우는 과정을 보자.

1년간 나는 몇 명의 고객에게 나의 상품을 몇 개 판매하겠다는 목표를 세우고 이를 통해 나의 개당 평균 판매 단가를 적용하면 연간 매출을 추정할 수 있다. 이를 월별로 어떻게 판매하고 판매량을 가져갈지를 기재한다. 물론 이는 1년간의 달력을 체크하여 휴일과 연휴와 가족과의 시간을 제외하고 내가 일을 할 수 있는 시간을 예측한 이후에나 가능할 것이다. 예를 들어 2월은 일을 할 수 있는 시간이 상대적으로 적으니 몇 월에 이를 보강하겠다는 식으로 정리한다.

월간 계획을 수립하고 나면 그것을 4주간으로 다시 분할하여 주간 계획을 만들 수 있다. 이는 물론 주간 목표를 세우는 것이다. 이를 통해 활동을 정형화시킬 수 있다는 장점이 있다.

이 모든 것을 정리한 것이 1년간의 목표이고 계획이다.

3년간 매년 10%의 매출 상승을 의도한다면 지금과 같은 과정을 조금씩 상향 조정하면 될 것이고, 5년간의 목표 또한 마찬가지이다.

간과하지 말아야 할 것은 매년 동일하게 또는 좀 더 상승된 목표를 설정하는 것과 동일한 활동을 하는 것은 별개의 문제라는 것이다. 왜냐하면 시간이 흐르면서 판매의 효율성은 증대될 것이고, 이를 통해 시간을 조절하는 방법을 스스로 깨닫는 과정을 거쳐서 아래에서 수립하는 개인적인 목표를 달성하는 시간으로 활용해야 하기 때문이다.

가정에서의 목표 (가장으로서의 목표)

"당신은 가정에서 어떤 존재로 자리매김하고 싶은가?"

세일즈맨에게 가정은 모든 외부적인 위협 요소를 순화시키는 곳이라고 할 수 있다.

상처를 자연 치유할 수 있는 치유제가 가족이기 때문이다.

그 가족에게 내가 하루하루 열심히 일하기 위해 양보받은 시간을 어떠한 형태로든 되돌려주어야 하고, 가족 간의 유대가 깨지지 않도록 적절한 시간의 안배를 해야 한다는 사실을 반드시 기억하기 바란다.

매년 연말에 가족들과 어떻게 시간을 보낼지, 또 분기별로, 월별로, 주별로 시간을 확보하여 그 안에 여행, 여가 생활, 학습, 토론 등 여러 가지의 주제를 담아 미리 상의하여 가족 계획표를 작성하는 방법을 권하고 싶다. 이것은 가족과 보내는 시간을 방해받지 않기 위해 사전에 계획을 수립하는 과정이고, 그 시간이 다가오면서 가족들과 함께 기대감을 가질 수 있다.

1년의 테마가 여행이라면 상반기·하반기, 3개월·1개월 단위로 할 수 있는 것부터 계획을 세우고 이를 통해 얻을 수 있는 효과에 대하여 가족이 공유하는 시간을 만들도록 하자. 1년의 테마가 독서라면 이를 효율적으로 할 수 있는 과정을 같은 방식으로 만들면 될 것이다.

경제적인 목표 (주택, 교육, 자산)

직장생활을 하는 사람들이나 직업 세계에 있는 사람들이나 모두 자신의 인생에서 두 번째로 중요한 것이 돈일 것이다. 첫 번째가 가족이리면 두 번째는 경제적인 목표를 반드시 가져야 한다.

위에서 세일즈 목표를 세우는 과정에서 판매 단가에 대한 이야기를 했다. 판매 단가는 결국 나의 수입과 직결되고, 1년간의 수입을 미리 정해 이를 분기, 월간, 주간 단위로 세분화하여 지속적인 활동을 통해 목표한 대로 이룰 수 있도록 하는 것은 가정 경제의 기초이기에 대단히 중요하다.

매년 연 보수를 자신이 정하여 이를 어떻게 달성할 것인지를 세일즈 목표와 함께 수립한다면 세일즈를 하는 과정에서 성취하는 모든 것들이 경제적인 비전을 형성해줄 수 있을 것이며, 이를 통해 장기간 목표 자금을 설정할 수 있고, 이것을 활용하여 어떠한 인생을 살 것인지에 대한 미래 비전을 세울 수 있다.

결과적으로는 자신의 세일즈와 경제적인 보상을 얼마나 스스로 잘 조절할 수 있느냐가 세일즈를 잘하느냐 못하느냐를 판가름하게 된다. 왜냐하면 이것이 가장 결정적인 동기 부여를 해주기 때문이다.

여기에 덧붙여, 자신이 하고 있는 일에 대한 가치를 더한다면 성공적인 세일즈 인생을 살 수 있을 것이라 확신한다.

정신적인 목표(학습, 신앙)

위에서 이야기한 것은 매우 수리적이고 계산적인 목표에 대한 것이라면 지금 말하는 것은 매우 정신적이고 계량화시킬 수 없는 목표에 대한 것이다.

세일즈는 끊임없는 학습에의 도전과 응전의 반복이다. 도태되지 않기 위해 직업적인 윤활유를 주는 것이 학습이고, 이 학습에 대한 테마는 매년, 매월 바뀌어가야 한다.

무엇을 하기 위해 어떠한 학습과 자격이 필요하기에 이를 위해 얼마의 시간을 투자하여 언제까지 그 과정을 완수하겠다, 라고 하는 구체적인 목표를 세워야 한다. 그래야만 세일즈 활동과 중첩되지 않고 원하는 시기에 학습의 효과를 발휘할 수 있고, 이것이 세일즈 활동에 밑거름이 될 수 있는 순기능을 할 것이다. 이 모든 과정은 선순환되어야 하며, 반대가 되어서는 안 된다.

종교를 가지고 있는 사람들은 종교가 정신적인 의지력을 발휘해주므로 자신의 mental 관리를 위해서 언제까지 어떠한 수양을 쌓겠다는 구체적인 목표를 세울 수 있다. 이 모든 것이 연간·월간 계획과 목표에 반영되어 있어야 완벽한 목표를 세웠다고 할 수 있고, 이를 실천하기 위한 액션 플랜이 반드시 뒤따라야만 의미가 있다.

아무리 좋은 목표도 실천 계획이라는 연료를 가지고 있지 않으면 움직이지 않는 자동차와 같다. 그냥 멋있어 보이는 차일 뿐이다.

사회적인 목표(봉사, 또 다른 역할)

이제 마지막으로 우리 삶의 가장 중요한 부분을 말하려 한다.

결국 '내가 어떠한 인생을 사는가'가 제일 중요한 문제라고 할 수 있다.

당신이 세일즈를 하는 이유와 돈을 버는 이유와 가족 간의 유대를 강화하는 이유와, 종교적인 활동·정서적인 활동을 하는 이유는 시간이 흘러 어떠한 삶을 살았느냐에 귀결되기 때문이다.

이것은 삶의 태도에 대한 문제이며, 매 순간의 선택과 결정으로 취해지는 행동들이 연결되어 시간이라는 흐름을 만들고, 이 흐름이 모여 한 사람의 인생이 된다는 사실을 우리는 알고 있다.

그렇기에 세일즈를 통해 도움이 되는 인생을 살았다면, 이를 통해 알게 된 지식과 금전적인 부분의 일부는 다시 사회에 환원할 수 있는 방법을 장기적으로는 찾아야 한다. 이것이 당신을 훌륭하게 만들어줄 수 있다.

목표를 선명하게 세우는 것은 세일즈를 잘하기 위함이요, 세일즈를 잘한다는 것은 그 경험을 많이 가져 판매량에 따른 보수가 크다는 것이고, 보수가 많다는 것은 풍요로운 삶을 살 수 있는 근간이 마련된다는 의미임을 우리는 잘 알고 있다.

하지만 한 개인의 인생으로 끝날 수 있는 역사를 조금이나마 풍요롭게 만드는 방법은 나누고 베푸는 것이다. 이는 삶을 아름답게 만들 수 있는 가장 의미 있는 인생의 사건이라고 할 수 있다.

결국 목표를 수립한다는 것은 어떻게 인생을 잘 살 수 있는지에 대한 비전을 수립하는 것과 같으며, 이것을 성공적으로 실천에 옮긴 사람은 결과적으로 풍요로운 삶을 살았음을 보여주게 된다.

여러분 모두가 그러한 인생의 주인공이 될 수 있음은 두 말할 나위도 없다.

Chapter 5 솔직함으로 반하게 하라
― Peace of Mind

세일즈세계
제 1 의 법칙

1
스치는 인연 붙잡기
• 어느 날 밤 택시 기사를 고객으로 만들기까지

내일의 꿈과 어제의 후회 사이에 오늘의 기회가 존재한다.

처음부터 잘하거나 좋아하는 일이 생기지는 않는다. 어떤 일이나 그 일을 지속적으로 하면서 내가 좋아하는지, 잘하는지를 알게 된다. 세일즈도 마찬가지이다.

내게 그러한 재능이 있는 것이 아니라, 그 재능을 좋아하고 받아들일 준비가 되었는가가 중요하다. 재능은 얼마든지 만들어진다.

세일즈맨이 세일즈하는 것을 즐거워한다는 증거는 자신의 일에 대해 다른 사람과 이야기하는 것이 자연스러워지는 것이다. 나도 그렇다. 입 밖으로 나오는 말들의 대부분이 내가 하는 일에 대한 이야기이기에 때로는 주변에 친한 지인으로부터 핀잔을 듣기도 한다. 그래도 좋다.

얼마 전의 일이다. 오랜만에 전 직장 동료들과 함께 예전 직장 다니던 때의 이야기를 안주 삼아 시간 가는 줄 모르고 회식을 하였다. 하도 오랜만이라 과음을 하고 말았다. 다음 모임을 기약하고 아쉬움을 뒤로한 채 헤어졌고, 집이 서울 외곽인 관계로 어렵사리 택시를 잡아 타고 피곤한 몸을 택시 뒷좌석에 기대었다.

그런데 몸은 지쳐 있었지만 정신은 맑아서 잠을 청할 수도 없었기에 눈만 멀뚱멀뚱 뜬 채 앞을 응시하고 있었다.

얼마나 달렸을까, 운전하시던 기사님이 내 직업이 뭐냐고 물었다. 하고 있는 일을 말했더니 기사님은 몇 가지 질문을 했고, 상세하게 답변을 해드렸다.

택시 안에서 오가는 이야기, 가볍게 생각하고 넘길 수도 있다. 그러나 그날따라 그렇게 하고 싶지 않았다. 내가 알려줄 수 있는 부분이라면 최선을 다해 알려주고 싶었다. 그렇게 택시 안에서의 상담이 시작되었다.

물론 기사님도 내 얘길 진지하게 들었고, 궁금한 것들을 이것저것 물어보기도 했다. 어느덧 집 앞에 도착했지만 이야기가 끝나지 않았다. 정작 중요한 내용의 설명이 마무리되지 못한 상태였다. 그래서 양해를 구했다.

"기사님, 정말 중요한 몇 가지 설명이 남아 있는데, 말씀드려도 될까요? 물론 미터기는 그대로 두세요. 택시 요금은 제가 더해서 드릴게요."

재미있으셨나 보다. 웃으며 그리 하라고 하기에 나머지 못 다한 이야기를 하였다.

이전보다 훨씬 진지하게 택시 속 심야 상담이 이루어졌다.

다 듣고 난 이후 기사님은 내게 "며칠 후에 연락 한번 드릴 테니 명함 한 장 주쇼." 하더니 나를 내려놓고 떠났다.

잊고 있었다. 그런데 진짜 며칠 후 연락이 왔다. 다음 날 시간이 되는지를 확인하는 전화였다. 다음 날이 비번이라 부부가 함께 상담을 하고 싶다고 했다.

다음 날, 그 택시 기사님과 부인과의 상담이 이루어졌고 그분들은 흔쾌히 나의 고객이 되었다.

서류를 챙겨 가방 정리를 하던 나에게 기사님이 한마디 던졌다.

"참 우리 인연도 묘하네요. 전혀 어떤 관계도 없는 우리가 그 늦은 시각, 더군다나 택시 안에서 시작된 얘기로 이렇게 인연을 맺게 되었으니 말이오. 앞으로 잘 부탁합니다."

"물론입니다. 저도 최선을 다하겠습니다."라고 답변한 후 그 댁에서 나오면서 무어라 표현 못 할 짜릿함을 느꼈다.

모든 일은 마음먹기 나름임을 우리 모두는 잘 알고 있다. 또 어디에서 어떻게 기회가 찾아오든 준비만 잘되어 있다면 내 것으로 만들 수 있다.

위의 이야기가 우연일 수도 있다고 생각한다. 그리고 아주 우연히 다가온 인연이었지만 내 태도가 진지했고, 상대가 그것을 온전히 받아들여줌으로써 소중한 관계가 만들어졌다고 생각한다.

인연은 자연스럽게 우리 주위를 스치고 지나간다. 그 인연을 내 것으로 만드는 것은 사람을 향한 나의 준비이다.

2

세일즈맨은 말하는 사람이 아닌 들어주는 사람 · 고객을 이해하라, 끝까지 이해하라

"친절한 말은 짧고 말하기도 쉽지만 그 메아리는 오래간다."
- 마더 테레사

세일즈는 말의 향연이다. 어떤 사람들은 단순히 말을 잘하면 세일즈를 잘할 것이라 믿는다. 하지만 사람이 하는 말이라는 것이 입으로만 나오는 것은 아니다. 그래도 가장 많은 시선을 끄는 것은 세일즈를 하는 사람의 입에서 전달되는 정보와 말의 가치일 것이다.

세일즈는 궁극적으로 상품을 판매하는 것으로 종결되기에 고객이 그 상품을 사야 되는 이유를 분명하고 정확하게 설명해주지 않으면 판매는 성공할 가능성이 낮아질 수밖에 없다.

사람들은 자신이 능동적으로 하는 일에는 별로 이유를 따지지 않는다. 그러나 남이 시키는 일이나 무엇인가 설득되고 있는 상황이라면 반드시 "내가 왜 그래야 되는데?"라고 그 이유를 따지게 되어 있다.

따라서 세일즈를 하면서 말을 잘한다는 것은 화려한 미사여구를 동원한 언어의 유희가 아닌, 고객이 듣고 싶어하는 말을 잘 판단하여 정제되고 알아듣기 쉬운 말로 잘 풀어서 설명하는 것임을 기억해야 한다. 그런 세일즈가 성공 가능성이 높다.

어느 회사에서 있었던 일이다. 직원들의 노후자금을 위해 회사가 일부의 비용을 지불하고 직원들 또한 일부를 부담하여 연금을 납입하기로 결정하였다. 이를 직원들에게 알리고 서명을 받는 과정을 밟고 있었다. 며칠 동안에 모든 직원들이 다 서명을 했는데, 단 한 명의 직원만 서명을 하지 않고 있었다. 중간 책임자가 이를 사장에게 보고하였고, 사장은 그 직원을 불러 이 제도를 시행하는 이유와 이를 시행했을 경우 그 직원이 얻을 수 있는 이득에 대하여 자세히 설명을 했다. 그러자 그 직원은 아무런 이의 없이 바로 서명을 했다. 후에 사장이 왜 전에는 서명을 하지 않았는지 묻자 그 직원은 "아무도 사장님처럼 설명해주는 사람이 없어서 기다리고 있었습니다."라고 말했다고 한다.

이는 소통과 관련된 문제이자, 결국 사람의 행동은 그 사람이 행동을 해야 하는 이유를 설명하여 이를 이해한 결과로 나타나는 것임을 잘 보여주는 사례이다.

세일즈를 하는 것은 특정한 회사를 대표해서 세일즈맨이 약속을 하는 것이다. 해줄 수 있는 것과 자신이 할 수 없는 것을 명확하게 구분하여 고객에게 알려주어야 하고, 이를 통해 자신의 말에 동기를 유발하는 이유를 담아 명확하게 고객에게 전달하는 과정을 거쳐야 비로소 결과가 나타난다.

오랜 시간 동안 세일즈라는 낯선 여행을 하면서 느낀 것은, 사람들의 기본적인 성향은 진실함을 좋아한다는 것이다. "말 한마디에 천 냥 빚을 갚는다."라는 의미를 다양한 경험을 통해서 알게 된 것은 세일즈라는 좋은 스승을 두었기 때문이다.

요즈음은 많이 개선되고 환경이 바뀌었지만 90년대 후반까지만 해도 고객 서비스 마인드를 가지고 있는 회사가 흔치 않았다. 나도 전 직장에서 회사의 잘못이 구체적이고 두드러진 경우가 아닌 한, 고객과 직접 전화 통화를 할 때 회사의 잘못이 아님을 강변하고 고객의 의견을 제대로 경청하지 못하는 오류를 범하곤 했다. 그런데 이는 고객의 감정을 상하게 하여 회사에 대한 이미지를 격하시키는 역할을 한다. 대기업을 등에 업고 자신의 회사인 양 거드름 피우는 듯한 인상을 주지 않았나 생각이 든다.

세일즈는 고객의 이야기를 들어주는 것에서부터 시작한다. 그렇기에 나는 고객의 사정과 상황을 모두 들은 후에 그에 적절한 판단을 하여 고객에게 전달하는 과정을 밟는 것이 일반적이다. 내가 실수한 것이 아니라 해도 고객이 감정이 격해져 전화로 무슨 말을 하거나 하면 일단 공감하고 감정을 누그러뜨릴 때까지 시간을 주는 것이 필요하다는 걸 경험으로 알게 되었다. 그래서 때로는 "미안합니다." "죄송합니다."를 입에 달고 살 때도 있다. 자존심이라는 것은 고객으로부터 존중받을 때 생기는 것이지 스스로 주장하고 내세운다고 세워지는 것이 아님을 알게 되었기 때문이다.

말의 힘은 대단히 무섭다는 것을 많이 경험한다. 또 그 말을 믿기 시작하면, 무엇인가 잘못되었을 때 이를 되돌리기가 너무나 어렵다는 것 또한 많이 경험했다.

그래서 혹자는 성공하는 세일즈맨의 특징 중 하나로 '경청'을 드는 경우가 많다. 귀는 두 개이고 입은 하나인 이유는 더 많이 듣고 좀 더 조심해서 말하기 위한 것이라는 격언에 전적으로 공감한다.

때로는 말을 한다는 것이 두려울 때도 있다. 특히 무엇인가 약속을 하는 과정에서 말 한마디가 금전적인 결과를 동반할 때는 무척이나 신중해질 수밖에 없다. 이는 고객과 세일즈맨 모두 신중하게 생각하고 이야기하기 때문이다.

좋은 말 한마디라도 생각하면서 하는 습관을 갖는다면, 그것은 더 많은 고객으로부터 호감을 받게 만드는 가장 빠른 길임을 잊어서는 안 될 것이다.

3

세일즈맨이 들어야 할 최고의 말
- "알아서 해주세요."

"믿음이 있는 한 사람은 오직 관심만 가진 스물아홉 명의 사람의 힘과 같은 것이다."
- 밀

당신이 고객으로부터 "알아서 해주세요."라는 말을 듣는다면 성공하는 세일즈맨으로서 신뢰를 얻는 가장 좋은 방법을 알고 있다는 증거이다.

무엇인가를 구매할 때 판매하는 사람이 믿음직스러우면 모든 것을 그 세일즈맨에게 맡기고자 하는 경향이 있다. 예를 든다면, 집에 전자기기를 설치하는 기사가 와서 이것은 이렇게 하고 저것은 저렇게 하는 것이 이 집의 구조상 잘 어울리고 실용적일 것 같습니다, 라는 말을 하면 인테리어에 조예가 깊은 사람이 아닌 한 그 기사의 말을 수용하는 것이 보통이다.

아이템이 무엇이든 간에 그것을 판매하는 사람의 진실함이 묻어져 나오는 경우 사람들은 거의 예외 없이 판매자의 의견을 듣게 된다.

《고객처럼 생각하라(Start Thinking Like a Buyer)》의 저자 제리 애커프는 자신의 저서에서 한 자동차 세일즈맨과의 대화를 통해 신뢰라는 것이 무엇인지를 말해주고 있다. 이를 인용해보자.

제리 애커프는 8만 불에 달하는 BMW7 시리즈와 6만 불대의 인피니티 Q45 사이에서 고민하고 있던 중이었다. 다음은 제리 애커프와 BMW 매장의 카 세일즈맨의 대화 내용이다.

"이 차가 마음에 드십니까?"

"네, 제 맘에 쏙 드는 차군요."

"그럼, 차를 구입하려고 알아보는 중이십니까?"

"네, 두세 달 내에 구입할 생각입니다."

"지금은 어떤 차를 타고 계신지요?"

"인피니티 Q45 모델을 타고 있지요."

"네, 아주 좋은 차를 구입하셨군요."

"네, 저도 그렇게 생각해요. 이미 인피니티를 여러 대 타봤거든요. 지금 보고 있는 이 차도 아주 마음에 드는데, 가격 면에서 이해하기 힘든 부분이 있습니다. 이 차가 인피니티 모델보다 2만 달러나 비싼 이유는 뭐죠?"

이때 세일즈맨은 대뜸 이렇게 물었다.

"고객께서는 운전을 즐기시는지요? 이동 수단으로서의 운전이 아니라 운전 그 자체를 말입니다."

"음, 저는 자동차를 이동 수단으로 여기는 편입니다. 그래서 운전이 아니라 운전 그 자체를 즐기는 것은 저에게 특별한 의미가 없습니다."

"그러시다면 고객께서는 이 차에 2만 달러를 더 지불할 이유가 없습니다. 인피니티 모델을 구입하시는 것이 낫습니다. 인피니티는 2만 달러나 저렴하지만, 이 차에 있는 거의 모든 기능과 장치들을 갖추고 있습니다. 이 모델은 운전 그 자체에 더 가치를 둡니다. 제가 고객님처럼 운전을 즐기지 않는 사람이라면, 그만한 돈을 지불하고 이 차를 구입하지 않을 겁니다."

위 대화를 보면 어떤 생각이 드는가? 내가 판매하는 상품이나 서비스가 고객에게 적합하지 않다는 것을 알았다면 솔직하게 말하는 것이 고객으로부터 더 신뢰를 얻는 지름길임을 말해주는 사례이다.

평범한 세일즈맨들이 가지는 첫 번째 실수는 필요하지 않을 수도 있는 상품을 판매하는 것에만 목적을 둔다는 것이다. 그러나 위의 예처럼 판매하는 세일즈맨에게는 장기적으로 보다 많은 결과가 주어질 것임을 짐작할 수 있다.

우리는 씨앗을 세는 사람들이 아니다. 농부가 씨앗을 뿌릴 때 그 씨에서 얼마나 많은 사과가 나올지 확인할 수 없는 것과 같이, 세일즈에서도 많은 씨앗을 심어놓으면 언제가 그 중에서 일정한 부분은 반드시 싹을 틔울 뿐이다. 그러한 사실을 우리는 잘 기억해야 한다.

세일즈에서 성공이란 옳은 일을 했을 때 따라오는 부산물과 같은 것이다. 성공을 쫓아가는 순간 성공은 더 멀리 도망간다. 내가 하는 일에 대한 확신을 갖고 고객에게 진실함으로 자신의 입장을 설명하는 과정에서 고객의 믿음을 얻을 때 판매라는 부산물로 돌아오는 것이다. 따라서 "어떻게 하면 팔 수 있을까?" 생각해서는 세일즈에 성공할 수 없다. 세일즈맨의 입장에서 생각하지 않고 고객의 입장에서 생각해야만 성공에 조금 더 가까이 갈 수 있다는 것을 기억하자.

나는 세일즈를 하면서 가장 듣고 싶은 말과 들으면 기분 좋은 말이, "모든 것을 당신에게 맡길 테니 알아서 해주세요."라는 말이다. 이 안에는 "당신 이야기를 모두 듣고 보니 당신에게 믿음이 갑니다. 그래서 내 상황을 종합적으로 판단해서 당신이 알아서 해준다면 나는 고맙겠소."라는 말이 내포되어 있다고 생각한다.

일반적으로 고객은 전혀 일면식도 없는데 그 사람의 얼굴만 보고 돈을 지불하지는 않는다. 그렇기에 알아서 해달라는 말은 한편으로는 강한 책임감을 부여하는 고객의 명령이며, 강한 믿음의 증거이기도 하다.

4

돈을 좇으면 고객은 알아본다
• 진실성이 빠진 세일즈는 새드 엔딩sad ending이다

"논리적인 사람은 거의 없다. 우리들 대부분은 편견을 가지고 있거나 생각이 한쪽으로 치우쳐 있게 마련이다. 그리고 질투, 선입견, 부러움, 두려움, 자만심 등으로 인해서 우리의 판단은 대부분 흐려져 있다. 따라서 사람을 사귈 때 우리들은 논리적인 창조물과 사귀고 있지 않다는 것을 명심해야 한다. 우리들은 감정적이며 편견에 의해 화를 내고 자존심과 허영심에 의해 자극받는 창조물과 사귀고 있는 것이다."

- 데일 카네기

세일즈는 교도소 담장 위를 걷는 것과 같은 일이라 생각한다. 한 발만 헛디뎌도 교도소 밖 또는 안으로 떨어진다.

이번에는 과거에 내가 세일즈를 시작한 지 얼마 되지 않아 스스로 가지고 있던 아주 잘못된 생각으로 인해 얼마나 많은 심리적인 스트레스를 받았는지에 대해 고백하고자 한다.

세일즈 초기, 나는 열심히 배운 대로 앞만 보고 달려갔다. 그리고 뒤돌아보니 어느 새 많은 것을 이루어놓았고, 그 여정을 즐기면서 지낼 수 있었다.

하지만 소득이 늘어났음에도 불구하고 지출에 대한 통제를 제대로 하지 못하여, 수지 균형을 맞추지 못하고 있었다. 그래서 고객을 얼마나 만나서 어떤 상품을 판매하면 매월 내게 수입이 얼마씩 온다는 걸 생각하는 것이, 고객과 해야 하는 중요한 이야기보다 더 우선시된 적이 있었다.

세일즈는 상품과 서비스에 담긴 가치적인 면과, 판매를 해야 하는 세일즈맨으로서의 정체성이라는 이중적이고 양면적인 성격을 가지고 있다. 어느 한쪽에 사고가 편중되면 성공적으로 세일즈를 했다고 할 수 없음을 오랜 시간 성공적으로 세일즈를 한 사람들은 알고 있다.

이러한 균형이 깨지고 있다는 걸 알면서도 서서히 경제적인 면을 먼저 생각하고, 그것이 진정으로 고객에게 도움이 되는지에 대한 진지한 숙고 없이 상품을 판매하면서, 판매하게 된 상품의 커미션을 머릿속에 그리는 우를 범하게 되었다.

이때부터 고객은 내가 만나서 이야기해야 할 상대가 아닌, 그냥 비용 얼마를 상품이나 서비스의 대가로 지불할 수 있는 사람이라는 인식이 머릿속에 들어왔고, 이것은 상품을 살 능력이 되는 사람과 안 되는 사람을 내 기준에서 섣불리 판단하고 선입견을 갖고 보는 실수를 낳았다. 많은 사람을 만나서 이야기하는 과정에서 결과적으로 계약이 따르는 것인데 말이다. 나는 판매에만 열을 올리고, 당연히 이후의 서비스에 대한 추가적인 제공 과정에 나태해지게 되었다.

인생에서 성공하고 행복을 바라는 것은 세상의 모든 사람들이 가지고 있는 꿈이다. 하지만 이를 성취하는 사람보다는 그러지 못하는 사람들이 더 많은 것이 현실이다. 나도 행복해지고 싶고, 성공하고 싶은 것은 당연하다. 하지만 그 성공과 행복을 위해 가장 단순하지만 지키기 어려운 것이 성실함과 진실함이다.

내 세일즈 인생의 가장 중요한 바로미터를 가져다준 경험이었다. 세일즈맨으로서 초보였을 때의 일이다. 이때의 경험은 지금은 물론 앞으로도 세일즈뿐 아니라 내 인생을 어찌 살아야 할지에 대한 나침반의 역할을 해줄 것이다.

중소 기업체를 경영하는 대표이사 한 분을 소개로 만났다. 온화한 성품에 자수성가를 한 존경스러운 분이었다. 상담을 무사히 마치고 나서 내가 제안하는 계획들을 받아들일 것이라는 거의 확정적인 느낌을 갖고 사무실로 돌아왔다. 세일즈를 시작한 지 얼마 되지 않은 터라 경험도 많이 부족했지만, 그날의 상담이 만약 성사된다면 그것은 내가 아직까지 해보지 못한 가장 큰 계약 규모였으며 내게 주어지는 대가도 굉장히 크다는 사실에 도취되어 나는 흥분하였다. 어떻게든 그분과 계약을 체결해야겠다는 욕심이 생기기 시작했다.

어느 새 내가 만들고 있는 계획들은 그 사장님을 위한 계획이 아닌, 나의 수입을 더 키울 수 있는 것으로 구성되고 있었다. 물론 갈등도 있었다. 어느 것을 선택해서 프레젠테이션을 해야 될지 고민도 했다. 그렇게 내 욕심에 눈 먼 상태로 2차 미팅을 가졌다.

나중에 안 사실이지만, 이미 사장님은 계약을 체결할 준비를 한 상태에서 나를 만난 것이었다. 그럼에도 불구하고 미팅은 이상한 방향으로 전개되어갔다. 쉽게 끝날 상담이 점점 부정적인 방향으로 흘러갔던 것이다. 그럴수록 나 자신도 당황스러웠고 어떻게든 이 계약을 체결하고자 허둥대는 모습을 보이게 되었다. 내 마음속에 계약 체결에 대한 욕심이 자리 잡고 있었기 때문이다.

결과는 참담했다. 아무런 성과를 내지 못하고 사무실을 나와야 했다. 도저히 이해할 수 없는 상황으로 종결된 것에 대해 굉장히 혼란스러웠다. 사무실로 돌아와서 당시의 상황을 생각해보았다.

'왜 그랬을까?'

한동안 머릿속에서 떠나지 않은 생각이었다.

큰 상실감에 늦은 시각까지 사무실에서 숙고하고 있던 중, 내가 가졌던 욕심 때문일 수도 있겠다는 생각이 자꾸 고개를 들었다. 그것밖에는 떠오르지 않았다. 그것이 원인이라 생각되니 쥐구멍에라도 들어가고 싶은 심정이었다. 내 욕심에 의한 상담이 또 다른 욕심을 낳았던 것이다.

결국 늦은 밤, 나는 낮에 뵈었던 사장님께 진심으로 사과의 마음을 담아 편지를 쓰기 시작했다.

"제가 계약을 체결하고픈 욕심 때문에 사장님께 실망스러운 모습을 보여드린 것 같습니다. 제게 보여주신 믿음에 그 끝을 제대로 보답해 드리지 못해 너무나 죄송합니다."

골자는 이러했다.

나 자신이 너무 부끄러웠다. 그렇게 그날이 지났다.

한 달의 시간이 흘렀다. 그 사장님이 나에게 전화를 했다.

나는 너무 죄송스럽다고 다시 말씀드렸다. 사장님은 편지를 받아 보았다고 하시며 차 한잔 하자고 했다.

그로부터 며칠 후 그 사장님을 뵈었다.

사장님은 잠시 숨을 크게 쉰 후 내게 이렇게 말하는 것이 아닌가.

"난 사실 그날 계약을 하려고 했습니다. 그런데 이상하게 당신이 서두르는 모습을 보게 되었죠. 별로 좋지 않아 보였습니다. 나도 많은 사람들과 사업을 하는 사람입니다. 타인의 행동을 보면 조금은 느낌을 가질 수 있지요."

내가 계약에 욕심을 냈다는 사실은 편지를 보고 아셨다고 한다. 다만 정상적이지 않다는 느낌이 들어 계약을 미루었던 것이라고 자신의 속내를 보여주었다. 그 순간에는 이 친구를 더 이상 보고 싶지 않았다고도 했다.

결국 편지 한 장으로 인해 다시 마주하고 보니, 그분은 내 솔직함을 확인하고 싶었던 것이고 그를 통해 나에게 한 번의 기회를 더 준 셈이었다.

그리고 처음부터 다시 충분한 상담 끝에 사장님을 위한 계약이 이루어졌다. 너무 부끄러웠지만 다시 기회를 준 사장님께 감사드렸다.

나의 세일즈 인생은 아주 오랫동안 지속될 것이다. 그런데 그 오랜 기간 동안 이런 일을 미리 겪어보지 않았다면 언젠가는 경험을 하게 되었을 것이다. 시간이 흐른 후에 겪고 싶지는 않은 일이다.

세일즈맨은 높은 실적으로 일할 힘을 얻기도 하고, 고객으로부터 진정 감사하다는 말을 들음으로써 보람을 얻기도 한다.

다시는 고객을 구입할 수 있는 비용의 크기로 저울질하지 말자는 뼈저린 자기반성 후 진정으로 고객이 필요한 것을 전달하려고 많이 애쓰면서 나는 다시금 제 궤도에 오를 수 있었다. 세일즈를 하면서 이러한 경험을 한 사람들이 많이 있으리라 생각된다.

고객은 비용을 지불하는 객체이기 이전에 나를 구매하는 주체라는 생각을 가지고 일을 한다면 고객에게 서비스하는 자세와 세일즈맨으로서의 정체성을 좀 더 잘 확립할 수 있으리라 확신한다.

인생에는 많은 난관들이 있다. 그것을 슬기롭게 잘 헤쳐 나갈 지혜가 필요하다. 그렇지만 더욱 필요한 것이 있다면 그것은 바로 정직이다.

5 나의 신념을 전달하는 방법
• 고객을 위해 물건을 팔아라

"고객은 당신의 논리의 높이보다 확신의 깊이에 의해 더 많이 설득된다."
- 카벳 로버트(세일즈 강사이자 동기 부여 전문가)

고객은 자신이 생각하고 있는 상품의 가치와 가격이 일치하거나 조금 저렴하다고 생각하는 순간 그 상품을 구매하게 된다. 고객의 마음속에 상품의 가치와 가격이 동일하거나 또는 가치가 가격을 초월한다고 인지시키지 못하는 순간 세일즈는 불가능해진다.

따라서 이때 세일즈를 성사시키지 못한다면, 세일즈맨으로서는 고객이 쉽게 구매 결정을 내리는 데 도움을 주지 못한 것이므로 원하는 목적지에 도달하지 못한 것이 된다. 이는 축구 경기에서 1:0으로 지든, 2:0으로 지든 결과는 똑같은 것과 같은 이치이다. 세일즈에서는 "과정에서 배우고, 결과로 말한다."란 진리를 빨리 터득해야 한다.

결국 결과 없는 과정이 지속된다는 것은 고객에게 더 많은 손해를 보게 한 것밖에 안 된다. 세일즈맨으로서 우리가 배우고 사용하는 모든 세일즈 전략은 고객이 자신에게 가장 유리한 방향으로 현명하게 행동할 수 있도록 고객에게 구매해야 하는 이유, 구매해야 하는 핑곗거리, 또는 정보를 제공해주는 것이라는 걸 알아야 한다.

그렇기에 세일즈를 이기적인 행위에서 고객을 돕는 이타적인 행위로 바꾸는 과정이 반드시 필요하고, 여기에 실패할 경우 고객이 먼저 손해를 보고, 세일즈맨은 결과적으로 판매 실적으로 연결할 수 없기에 손해를 본다.

세일즈맨은 고객이 구입하지 않을 경우 고객 자신이 손해를 보는 것이라는 확신을 가지고 있어야 한다. 왜냐하면 내가 판매하는 상품은 고객에게 도움이 될 수 있는 상품이기 때문이다. 세일즈맨의 신념을 고객에게 전달하는 능력이 없다면 성사될 가능성이 높은 거래도 끝내 성공시키지 못할 것이며, 결과적으로 자신의 잠재력을 충분히 발휘하지 못할 것이다.

Chapter 6 힘내요, 조금만 더……

세일즈 세계
제 1 의 법칙

1. 매니저에게 고하는 몇 가지 조언

• 진정한 세일즈맨으로 키워라

"만나는 모든 사람마다, 당신이 해결해줄 수 있는 문제를 가진 고객이라고 생각하라. 그렇기에 모든 사람에게 친절하라. 친절해서 잃을 건 하나도 없지만, 반대의 경우는 많은 것을 잃을 수 있다."

- 지그 지글러

세일즈맨을 훈련시키는 매니저들은 다음의 사항들을 주의하기 바란다. 그들에게 꼭 필요한 것이 무엇인지 생각해보고 진실을 다해 조언을 해준다면 세일즈맨은 그 무엇에서보다도 더 힘을 얻을 것이다.

1. 사랑한다고 말하라.
2. 네 능력을 믿는다고 말하라.
   소리 내어 표현해야 한다. 깊이를 느낄 수 있도록.
3. 매니저는 세일즈맨의 거울이 되어야 한다.
   듣고 따르는 것이 아니라 보고 따르게 해야 한다.

4. 타인을 위한 꿈을 갖게 하라.

　내가 이 세상에 태어남으로써 한 사람 이상의 인생이 행복해져야 한다는 비전을 갖게 될 때, 세일즈맨은 전력투구해서 살아갈 삶의 이유 혹은 열심히 일해야 할 이유를 찾게 된다.

5. 강점에 주목하라.

　세일즈맨은 전문직이다. 자신이 제일 잘하는 분야에서 전문 능력을 발휘함으로써 성공하는 사람이므로, 세일즈맨의 강점을 살리는 매니저가 되어야 한다.

6. 창의적인 세일즈맨은 매니저를 불편하게 한다.

　관용이 필요하다.

7. 실패를 높이 사라.

8. 매니저부터 자신의 일에 미쳐라.

9. 열중하는 세일즈맨에게 환호하라.

10. 머리를 키우지 말고, 다리와 가슴을 키워라.

　세일즈는 경험의 비즈니스이므로 머리는 복잡하지 않고 심플하게! 고민은 매니저의 몫이다. 열정을 전이시켜 다리가 움직이게 하라.

2

세일즈맨 자신이 자신에게 주는 선물
• 우리에게는 칭찬이 필요하다

세상에 능력이 없는 사람은 존재하지 않는다. 단지 능력이 없다고 생각하는 사람이 있을 뿐이다.

세일즈라는 직업은 참 어려운 영역에 속한다. 누가 찾아와서 "나는 이것을 사겠소."라고 하는 것보다는 "이것이 당신에게 필요하니 이것을 사시오."라고 시작하는 경우가 더 많기 때문이다.

또한 이러한 세일즈 활동에는 당연히 많은 비용이 따르기 때문에 고객은 결정을 하기 전에 이를 연기하고자 하게 된다. 이 과정에서 세일즈맨은 거절을 극복하고 고객에게 상품을 판매함으로써 고객에게 도움을 주고 세일즈맨도 수입을 발생시키게 된다.

세일즈 활동은 반드시 고객이라는 사람을 상대로 하는 것이기에 사람의 감정을 통해 세일즈맨은 상처받기도 하고 행복감을 얻기도 한다.

세일즈는 수입을 얻기 위한 활동이다. 반드시 자신이 판매를 하는 상품이 고객에게 전달될 수 있도록 판매 활동을 해야 하고, 이를 수입과 관련짓는 사고를 항상 해야 한다.

자선사업을 하는 것이 아닌 이상, 이 실적과 관련된 모든 것이 세일즈맨들에게는 큰 스트레스로 다가온다. 자신의 직업적인 진로를 선택할 때도 세일즈를 한다는 사실에 두려움을 가지면서도 직접 세일즈 활동을 하면서 받는 많은 스트레스와 거절들을 극복하고 현재의 자리에서 의연하게 성공한 사람들을 보면 존경스러운 생각이 든다.

나는 사회적으로 아직은 대단한 존경을 받지 못하는 곳에 자신의 인생을 걸고 고객의 인생에 동반자로서 고객에게 필요한 무엇인가를 판매하기 위해 아침 일찍부터 늦은 저녁까지 발이 부르트도록 다녀야 하는 이 세일즈 업종을 선택한 세일즈맨들에게 이 사회는 존경과 감사를 보내야 한다고 생각하는 사람 중에 하나이다. 경제학의 대부격인 피터 드러커 교수가 쓴 저서들에서 미래의 사회를 주도하는, 세계를 주도하는 경제적인 세력으로 지식으로 무장된 지식 세일즈, 지식 컨설팅을 하는 사람들을 드는 것을 보고 있으면 무한한 자긍심과 뿌듯함을 갖게 된다. 전 세계에서 소득 수준 상위 10% 범위에 드는 사람들 중에는 세일즈에 종사하고 있는 이들이 가장 많다는 사실은, 세일즈라는 세계가 얼마나 많은 잠재력과 가능성을 가지고 있는지를 보여주는 것이다.

나는 영업을 하면서 의사로부터 천대도 받아보았고, 법조인으로부터 냉대도 받아보았다. 그들로부터 받는 시선에 두려워한 적도 있고,

다시는 그런 시선을 받고 싶지 않다는 생각도 했다. 흔히 사회적으로 엘리트라고 대우받고 사는 사람들이 보기에는 한낱 초라한 세일즈맨으로 보일지 몰라도 그들보다 경제적으로 더욱 자유롭고, 시간도 내 마음대로 주무를 수 있는 지금의 내 직업이 좋다.

세일즈맨은 나이가 들수록 주변에서 그들을 응원하는 고객들이 많아지게 된다. 이 고객들을 통해서 자신의 삶을 투영하기도 하고, 고객의 삶 속에 개입하기도 한다. 시간이 흐를수록 세일즈맨은 고객을 통해 그 울타리가 더 강화되지만, 다른 여타의 직업들은 나이 듦을 이유로 현직에서 서서히 물러나게 된다.

그렇기에 세일즈맨은 일을 오래 해야 한다. 오래 할수록 그 가치가 빛나는 직업임을 잊지 말아야 한다.

어느 날 사무실에서 함께 일하는 동료에게서 배운 것이 있다. 그는 하루의 계획을 세우고 그 계획을 다 수행하면 스스로에게 점수를 준다. 이것이 주간 단위로 모이고 월 단위로 모이면 매월 한 번씩 평가를 한다. 그리고 그 점수의 합에 1000원을 곱하여 그 액수만큼 자기 자신에게 선물을 사서 선사하는 근사한 아이디어를 실천하고 있는 것이다.

타인에게 무엇인가를 해주는 데 익숙한 세일즈맨으로서는 자신을 평가하는 기준을 스스로 세워 그것으로 자신에게 시상을 하는 것이 생소하기는 하다. 하지만 선물을 받고 그 가격이 커진다는 것은 한 달의 생을 참 잘 살았다는 것을 의미하고, 이를 통해 또 다른 성취감을 맛볼 수 있기에 누구에게나 권하고 싶은 방법이다.

같은 방법도 좋고, 다른 방법을 찾아서 실행하여도 좋다. 단 자신에 대한 평가는 자신이 하고, 그것은 구체적으로 측정 가능한 방법을 택하되, 그 결과에 대한 평가는 냉정하게 해야 한다는 전제가 따른다.

결국 이 모든 것은 자신의 세일즈 활동을 돕는 방법들이다. 이것은 자신의 가치를 스스로 높이는 계기가 되고 조금씩 나아지는 자신을 발견하면서 또한 세일즈 활동의 깊이도 커진다는 것을 의미한다.

오늘도 자신의 한계를 시험하고, 수많은 거절과의 싸움을 하고 있는 이 시대의 모든 세일즈맨들에게 자신이 하는 일에 대한 자긍심을 갖기를 기원하고, 그들이 세상을 주도하는 힘이라는 것을 자랑스럽게 말하고 싶다.

스스로에게 시상하라. 그리고 성공하라.

3

스스로의 감정을 치유하는 의사가 되라
• 세일즈는 거절을 먹고 사는 직업이다

가까이서 바다를 보면 파도가 거칠어도, 산꼭대기에서 보는 바다는 파도가 보이지 않는다.

흔히들 세일즈를 하는 사람들 중 "나에게는 mental이 없습니다."라고 이야기하는 경우가 있다. 이 말의 의미는 '그렇게 되려고 노력 중이다'라는 말과 다름없다.

세일즈를 하다 보면 감정을 잘 컨트롤할 수 있는 능력을 배우게 된다. 고객을 통해 마음의 상처를 입기도 하고, 또 누군가를 통해 웃으면서 하루를 마칠 수 있게도 된다.

사람을 겸손하게 만드는 말이 있다. "나보다 어려운 사람을 보면, 내가 가지고 있는 것이 얼마나 감사한 것인지를 알 수 있다."라는 말이다. 하지만 세일즈맨들의 mental과 관련해서는 이것은 틀린 말이다.

사람은 감정을 전이시킨다. 전이되는 감정에는 방향이 없다. 그래서 하루 종일 고객 또는 일에 관련하여 감정의 기복을 겪게 되면, 이를 해소할 수 있는 방법을 스스로 찾아야 한다. 그렇지 않으면 그 감정이 어느 누군가에게 전이되어 나와의 관계를 훼손시키게 되는 것이다.

전염성 강한 감정을 잘 다스리는 방법은 울고 싶을 때, 웃고 있는 사람과 이야기하는 것이다. 세일즈맨은 거절을 먹고 산다는 말을 많이 들어보았을 것이다. "힘들지?" 하고 말하는 동료나 선배의 말보다 "당연한 거야. 신경 쓰지 마. 나도 오늘 같은 경험을 했는데 머릿속에서 지우니 내일 만날 고객에게만 신경이 쓰이네. 그런데 내일은 좋은 일이 있을 거야."라고 말하는 동료가 더 좋은 영향을 준다.

남자들의 경우 대부분 군생활을 해보았을 것이다. 처음 1개월에서 3개월 정도의 훈련병 시절을 기억하는가? 교관은 매일같이 "피할 수 없으면 즐겨라."라고 말했다. 또 머리로 생각할 시간을 주지 않기 위해 하루 종일 연병장에서 쉴 새 없이 몸을 움직이게 하여 저녁이 되면 잠에서 헤어나지 못하게 만들었다.

결국 세일즈 활동에서 감정의 저하를 겪게 되는 세일즈맨은 자신의 감정을 다시 상쾌하게 올릴 수 있는 방법을 스스로 찾아야 한다. 음악을 듣는다거나, 혼자서 영화를 본다거나, 운동을 한다거나, 무언가 악기를 하나 배운다거나, 아니면 고객 속에서 시간 가는 줄 모르고 수다를 떤다거나.

사람은 자연적으로 자신의 감정을 치유하는 법을 알고 있다. 이것은 부부싸움을 해본 경험이 있는 부부들이 시간이 흐르면서 각자의 감정을 다스리는 방법을 터득해가는 것을 보면 알 수 있다.

누구에 의한 타의적인 감정 조절보다 스스로 방법을 깨달아가기를 권한다.

세일즈하는 사람들은 감성이 풍부해야 한다. 기복이 있는 것은 외부적인 영향에 반응하는 일시적인 증상일 뿐, 결국 평정심으로 돌아오게 되어 있다. 단 누가 더 빨리 돌아오느냐가 성공과 실패를 가름하게 된다. 나의 경우는 감정이 격해지면 책을 읽는다.

무엇인가 집중할 수 있는 것을 찾아라. 그것이 감정의 저하를 막는 방법이고, 이를 통해 다시 세일즈에 집중할 수 있는 환경을 만드는 것도 스스로 해야 하는 아주 중요한 과제이다.

세일즈맨이여, 감정을 지배하라. 결코 감정의 노예가 되어 매일매일 끌려 다니지 말라.

4 추락이 두렵나요?
• 바닥에 닿아야 치고 올라올 수 있다

"실패로부터 성공을 개발하라. 실망과 실패는 성공에 이르게 하는 가장 분명한 두 가지 디딤돌이다. 인간에게는 실패로부터 얻는 교훈보다 더 값진 교훈은 없다. 뒤를 돌아보라. 당신은 실패에서 어떤 도움도 얻은 것이 없는가?"
- 데일 카네기

아무리 고통스러운 경험을 했어도 이를 잘 극복했을 경우 오랜 시간이 흘러 뒤돌아보며 그것을 부르는 말이 있다. 바로 '추억'이다.

세일즈에 처음 입문하여 많은 경험을 하는 것이 당연하다고 여기면서도 사람이 하는 일이라 그 경험들로 인해 많은 절망과 좌절을 겪기도 한다. 세일즈는 우리에게 절망을 경험하게 하고, 희망을 선물로 줄 때까지 많은 시간을 감내하기를 요구한다. 이것은 경험을 해야지만 몸에 체득되는 세일즈라는 직업의 성격 때문이다.

아무리 이론적으로 전문가라고 평가받는 사람들이 조언을 해준다 해도, 그 전문가가 알려준 대로 경험을 하는 사람은 세일즈맨 본인이다. 따라서 익숙해질 때까지 경험이라는 것은 필수불가결한 요소가 된다. 이 과정에서 숱한 좌절과 절망을 맛보며 그것을 뛰어넘을 수 있도록 훈련하고 연습하게 된다. 절망을 극복하는 데에는 많은 용기가 필요하다. 혹자는 용기는 두려움의 산물이고, 그 두려움을 뛰어넘으려고 발버둥치는 과정에서 용기라는 것이 생긴다고 말한다. 그러나 절망을 극복하는 과정에서 커지는 것 또한 용기라고 생각한다.

세일즈라는 직업을 선택하는 과정을 보면, 그 대상에 따라 다르기는 하지만 통상 사회생활을 시작하면서 세일즈에 발을 들여놓기보다 다른 경험을 토대로 대인관계를 넓히고 난 후 사회생활의 기반 위에 세일즈라는 것을 접목시키는 경우가 많다. 세일즈라는 직업은 역동성을 띠고, 경제적으로는 자신이 일을 한 만큼 소득도 커지는 것을 경험할 수 있는 아주 좋은 직업이다.

사람은 자신의 삶을 결정하는 과정에서 누구나 최선의 선택이라고 확신하며 눈앞의 결정을 하게 된다. 그것이 직업적인 선택이 되었건, 아니면 다른 선택이 되었건 말이다. 그렇기에 아주 잘 적응하리라고 예상하고 일을 시작한다. 물론 마음속에 두려움도 갖고 있지만⋯⋯.

나의 세일즈 초기는 안정적이지 않았다. 너무 이른 나이에 시작한 세일즈가 내게 쉬운 일은 아니었다. 소개받는 사람들이 대부분 미혼이 많아 내가 판매하는 상품에 대한 필요성을 인식시키는 과정이 힘들었고, 나이가 나보다 많은 사람들과의 이야기는 아직 인생살이를 많이 해보지 않은 관계로 핵심을 벗어나는 경우가 많았다.

일은 열심히 하는데 판매고는 높지 않고, 시간이 흐르면서 두려움이 앞서는 것은 어쩔 수 없는 일이었다. 내년이 불안하고 어떻게 일을 해야 할지에 대한 고민을 머리에 달고 살면서, 힘내서 한번 해보자고 다짐하는 것도 한계가 있었다.

그 과정에서 또 다른 도전을 해보기 위해 매니저의 직업을 선택하게 되었다. 그렇게 매니저 일에 열심히 도전하던 중 장인어른이 폐암 선고를 받게 되었고, 또 한 번 마음이 흔들렸다. 집안에 아들이 없기에 내가 모든 일정을 확인하고 도와드려야 했다. 그러기 위해서는 시간이 필요했고, 그 시간을 확보하기 위해 매니저의 역할을 중지할 수밖에 없었다.

세일즈 활동을 중단하고 다른 역할을 9개월간 하면서 많은 것을 경험했다. 이를 통해 더 넓은 세상을 보고 싶었는데 다시 세일즈의 세계로 돌아가자니 많은 고민을 할 수밖에 없었다. 이때가 내가 겪었던 어느 시기보다 경제적으로도 가장 바닥을 치던 때였다. 열심히 일을 해도 약 6개월 정도 일정한 성과를 거두어야 서서히 보수의 수준이 올라가는 구조였기에 이를 회복하는 과정이 너무 힘들었다. 그것을 극복하면서 결과적으로 스스로 깨달은 것이 있다면, 사람은 바닥을 가보면 그 이후 얻는 모든 것에 감사한 마음을 품게 되고, 자신이 이루고 있는 모든 과정이 너무나 대견하고 훌륭하게 비추어진다는 사실이다.

아래로 떨어지고 싶은 사람은 없다. 또한 더 많은 것을 얻고 싶어 노력한다고 하지만, 결국 이것은 욕심이라는 생각도 든다. 하다못해 직장을 옮길 때 전에 받던 연봉보다 더 받고 싶은 것이 사람의 속성이다.

그렇다면 처음 시작하는 세일즈맨들 중 과연 바닥부터 다시 시작하는 경험을 해본 사람이 몇 명이나 될까? 세일즈를 하기로 마음먹은 순간에도 자신의 과거 직장에서의 수입보다 더 많은 것을 얻기 위해 노력하는 것은 어쩌면 당연한 일이다. 나는 이것을 역행하는 경험을 하면서 가진 것이 없을 때는 잃을 것도 없다는 아주 단순한 사실을 깨닫게 된 것이다.

드라마를 통해서건 현실에서건 사업을 하다가 부도가 나서 하루아침에 길거리로 내몰리는 사람들의 이야기를 많이 보게 된다. 이를 극복하고 사는 사람들의 대부분이 바닥을 경험하고 난 후 새로운 삶을 살아가는 과정에서 이런 말을 한다. 삶이 소중하고, 내가 하는 모든 것이 자랑스럽고, 그것에서 얻어지는 수확이 너무나 감사하다는 것이다.

세일즈를 하는 사람들은, 물론 지속적인 활동을 통해 많은 수익을 창출하면 좋겠지만 반드시 한 번 정도는 실적과 수입에서 힘든 경험을 하는 것이 좋다는 생각을 해본다. 왜냐하면 이를 통해 자신이 하는 일이 얼마나 소중한지를 알 수 있기 때문이다.

결국 사람의 마음의 문제이지, 없었던 것이 새로이 나타나는 것은 아님을 알 수 있다. 이러한 경험이 자신의 세일즈 활동을 더욱 공고히 만들어주고, 가족 간의 유대를 더욱 강하게 해줄 수 있다.

세일즈맨이여, 추락을 두려워하지 말라. 한번 추락하면 더 떨어질 곳이 없다는 것을 기억하라.

5

떠나지 마세요
• 실적이 저조한 세일즈맨에게 드리는 말

"믿음이란 온힘을 다해 노력하는 것이며, 과감한 모험이며, 어떤 상황에서도 봉사할 수 있는 힘이다."
- 사무엘 E. 키서

"Selling happiness." 이 문구의 의미를 알고 있는 사람도 있을 것이다. 세일즈는 직업이다. 직업의 선택도 스스로가 했고, 그 직업을 버리는 것 또한 스스로가 선택한다. 다른 누군가가 대신 선택을 해주지 않는다. 지금이 고통스러워 새로운 행복을 찾아 떠나는 경우에 이 문구를 사용하기도 한다.

내가 처음 세일즈를 하기로 마음먹었을 때, 나와 함께 이 일을 시작한 동료들이 약 70명 정도가 된다. 그런데 지금 반 정도가 계속 같은 곳에서 일하고, 그 중에 40%는 매니저가 되었다. 개인적인 사정이 있어 이 일을 그만둔 사람도 있고, 다른 비전을 찾아 떠난 사람도 있다.

세일즈를 그만두는 사람들의 경우는 둘로 분류된다. 실적이 저조한 경우와 정서적으로 자신과 맞지 않다고 생각하는 경우다.

일이 잘된다면 그 일에서 비전을 찾기 때문이다. 그런데 한 가지 의문이 드는 것이 있다. 일을 잘하려고 노력해본 시간이 얼마나 되는가이다. 돌아보면 그리 길지 않다는 사실을 우리는 알게 된다. 이것은 자신의 세일즈 인생에 대한 계획을 가지고 있지 않다는 것을 의미한다. 언제까지 노력하고 연습해서 얼마 동안 경험을 쌓고 고통을 감수했을 때 나의 세일즈 인생이 어떻게 바뀌어갈 것이라는 자기 비전이 없는 경우가 더 많다는 것이다.

직업적인 면에서 보면 세일즈 세계만큼 이직과 자리의 변동이 잦은 곳도 없다. 결국 성공 가능성이 낮을 수도 있다. 그 성공이라는 것의 무게중심을 금전적인 것에만 둔다면 절대 성공할 수 없는 곳이 세일즈 영역이다. 성공하는 세일즈맨들은 모두 열심히 일한 결과 부가 주어지고, 시간이 주어지고, 가치가 주어진다고 한다.

세일즈 인생에 내 인생의 나머지를 바칠 각오라면 몇 년 실적이 저조하다고 하여 실망할 수 있을까?

인생을 길게 보기 바란다. 어느 정도의 인생의 길이를 경험해보아야 되돌아서서 인생을 평가할 수 있을 것이지 않은가.

정서적으로 세일즈가 자신에게 맞지 않아서 떠나려고 하는 사람들도 있다. 그렇다면 반문해보고 싶다. 적성에 맞는다는 것이 어떤 것인가? 과연 적성에 맞는지 맞지 않는지를 알 정도로 자신에 대하여 잘 알고 있는가? 그렇지 않다면 적성에 맞는지를 확인할 정도로 오랜 시간 경험을 해보았는가?

항상 힘들 때는 그 힘든 상황에서 멀어지고 싶은 것이 사람의 심리이다. 하지만 세일즈맨은 자신의 직업을 선택하고 '세일즈맨'이라는 네 글자 속에 담긴 모든 경험을 해볼 만큼 해보지 않은 한 이것은 이렇고 저것은 저렇다고 이야기할 자격이 없다는 사실을 알아야 한다.

물론 나도 그 과정의 중간에 있다. 그렇기에 다른 선택을 하는 것은 내 결정을 허무는 것이기에 원하지 않는다.

제일 안타까운 경우는 터널의 끝이 얼마 남지 않았는데 아직도 어둡다고 온 길을 다시 돌아가 자신의 인생을 허비하는 것이다. 무슨 일이든 10년 정도는 해보아야 평가할 수 있는 최소한의 조건은 되지 않나 생각한다.

산을 오를 때 앞 사람의 발 뒤를 보면서 한 걸음씩 오르라는 것이 산행을 하는 사람들의 조언이다. 산 정상을 보면서 가면 힘들고 아직 갈 길이 멀다는 것을 느끼는 순간 포기하게 되기 때문이다. 산을 내려오는 사람들에게 "얼마나 더 가면 정상입니까?"라고 물으면 "조금만 더 가시면 됩니다."라고 이야기해주는 것도 힘내서 조금씩 가다 보면 결국 정상이 발아래 올 수밖에 없다는 것을 알기 때문이다.

세일즈라는 직업을 버리고 싶다면, 최소한 10년의 경험을 가지고 떠나기를 권한다. 그 경험이 깊이를 줄 수 있기 때문이다.

6. 세일즈맨이라면 돌아봐야 하는 몇 가지
• Self Check Point for Salesman

"행운은 매달 찾아온다. 그러나 그것을 맞이할 준비가 되어 있지 않으면 거의 다 놓치고 만다. 이번 달에는 그 행운을 놓치지 말라."

- 데일 카네기

Mental

1. 자신의 상품에 대한 확신이 있는가?
2. 직업에 대한 신념이 약해졌는가?
3. 회사에 불만이 있는가?
4. 가족들과의 갈등이 있는가?
5. 재정적으로 쫓기지 않는가?
6. 동료들 간의 우정 관계는 어떠한가?
7. 매니저에 대한 로열티가 있는가?
8. 고객과의 관계 속에서 즐거운가?

9. 목표에 대해 의식하고 있는가?

Sales Process

1. 가망 고객이 얼마나 많은가?
2. 전화 걸기가 두려운가?
3. 필요성을 설득하는 것의 적정성
4. 프레젠테이션의 전문성
5. 고객의 거절을 잘 처리하는가?
6. 계약을 정확하게 하고 있는가?

Physical

1. 아프지 않은가?
2. 체력이 현저히 저하되고 있는가?
3. 꾸준히 체력 관리를 하고 있는가?
4. 활력이 있는가?

Habit

1. 근퇴가 잘 되고 있는가?
2. 각종 교육 및 미팅에 잘 참석하는가?
3. 활동의 계획표를 잘 만들고 있는가?

7 스테이 헝그리 Stay Hungry
- 한결같은 세일즈, 오래가는 세일즈맨

"I am still hungry."
- 2002. 6. 15. 거스 히딩크

2002년 무더운 여름에 온 국민에게 소나기 같은 즐거움을 준 월드컵을 우리는 아직도 기억한다. 2002년 6월 15일, 대한민국이 16강에 진출한 이후 히딩크 감독이 했던 위의 말도 기억한다. 선수들을 자극하고, 목표를 달성했지만 아직 경기가 끝나지 않았음을 주지시키고자 한 말이다. 목표를 이뤘다고 축하 파티를 열면서 자만하면 다음 경기에서 이길 수 없다는 것을 오랜 경험을 통해 그는 알았을 것이다. 그리하여 언론을 이용해 선수들에게 다음 목표를 설정해준 셈이다.

험난한 산이 앞에 놓여 있지만 반드시 넘을 수 있다는 정신력을 갖출 것을 요구하며 감독인 자신이 늘어지면 다음 목표를 넘을 수 없다는 것을 선수들에게 주지시키고자 아직 끝나지 않은 경기를 그리 표현한 것이다.

대부분 자전거를 타본 경험이 있을 것이다. 목적하는 곳까지 열심히 가다 보면 언덕도 나오고 내리막길도 나온다.

하지만 가장 기본적인 페달을 밟는 발동작을 하지 않을 경우 앞으로 가지 못하는 것이 자전거의 원리이다. 언덕에서 멈추기라도 하는 경우에는 올라가던 힘보다 몇 배의 힘을 더 주어야 비로소 제 궤도에 오를 수 있다.

세일즈는 반복적으로 무엇인가를 하는 행위이다. 이를 통해 기술을 얻게 되고, 효율을 갖게 되면서 목표를 더 높게 설정하여 성취감을 느끼도록 요구된다. 1년 동안 앞만 보고 달려가는 세일즈맨에게 언덕은 쉬어 가는 쉼터가 아니라 더 힘을 내어 고개를 넘어야만 하는 동기 부여인 셈이다. 얼마 남지 않은 정상을 보면서 쉬려 하면 자전거는 뒤로 밀린다. 쉬는 것은 퇴보를 의미한다.

나는 히딩크 감독이 쓴 《마이 웨이(My Way)》라는 자서전을 자주 읽는다. 매니저가 세일즈맨에게 해주고 싶은 이야기로 가득하기 때문이다.

세일즈맨은 그 세일즈를 시작했던 초심을 잃기 시작하는 순간부터 슬럼프를 겪게 된다. 자신이 슬럼프에 있다는 사실조차 알지 못하는 채로 말이다.

그렇기에 목표에서 이탈될 조짐이 보이면 다시 재정비하고, 이를 통해 궤도를 수정하는 행동을 지속적으로 해야 한다.

실제로 굶주림에 지쳐 hungry한 것이 아니라, 내 스스로의 본분을 잃어버릴 수도 있다는 사실에 우리는 항상 stay hungry를 가슴속 깊이 인지하고 살아야 한다. 자신이 세일즈맨이라는 사실이 없어지지 않는 순간까지.

어느 정도 시간이 지나 원하는 수입을 얻게 되고, 많은 고객 수를 보유하게 되면 스스로 나태해지고, 일정 기간 실적이 없어도 극복할 수 있다는 착각을 하게 되는 것이 다반사이다. 그 사이 얻어지는 수입과 비례하여 지출도 늘어나는 생활 태도를 갖게 되는 경우도 비일비재하다. 하지만 지금 주어지는 수입은 미래에 발생할 수입을 미리 선지급 받는 것이기에 미래에 동일한 방식과 동일한 활동을 하지 않는 한 자기 것이 아닌 신기루 같은 것이다.

항상 초심을 잃지 말고 이를 통해 자신이 이루고자 하는 목표를 항상 재수정하여 결국은 세일즈를 통해 자신의 자아를 성취하는 것으로 결과를 만들어가야만 성공한 세일즈맨으로서의 인생을 살 수 있다.

배고픈 사람은 항상 먹을 것을 찾으러 다닌다. 이는 아주 기본적인 본능 중의 하나다. 물론 고객이 먹이라는 이야기는 아니다. 자신이 해야 할 일이 결국에는 배고픔을 조금이라도 줄여주는 기본적인 식량이라는 것이다.

10년이 지나도 한결같이 살아가는 인생, 20년이 지나도 변한 것은 외모밖에 없는 한결같은 세일즈맨이 되기를 바란다. 결국 이것이 고객에게 영원히 사랑받을 수 있는 지름길임을 기억하면서 말이다.

Chapter 7
이상을 꿈꾸다

세일즈 세계
제 1 의 법칙

1 세상에 하나밖에 없는 여우 되기
• 고객과의 관계 유지가 세일즈의 또 다른 시작이다

"세일즈에 성공하고 나면 당신은 운전석에 앉아 부러움의 대상이 되지만 잠깐만 길(고객)에서 눈을 떼고 페달(서비스)에서 발을 떼면 경쟁자들이 나타나서 자신들이 더 많은, 더 좋은 연료를 갖고 있으며 더 나은 운전사라고 고객들에게 접근하기 시작한다."
- 지그 지글러

오래전 TV에서 힘든 빨래를 다 하고 두 손을 번쩍 들어 올리며 "빨래 끝!"이라고 외치는 CF를 본 적이 있다. 후련해 보이고, 힘든 일을 다 하고 난 여유가 보였다. 하지만 현실적으로는 빨래를 하는 것도 중요하지만 그 빨래를 정갈하게 정리하고 이를 다시 사용할 수 있도록 잘 보관하는 것도 중요하고 손이 많이 가는 일임을 잘 알고 있다.

세일즈를 하는 사람들에게 판매의 종결은, 고객의 측면에서 보면 관계의 시작을 의미한다. 고객을 경쟁자에게 빼앗기는 것은 경쟁자의 가격이나 상품이 더 좋기 때문이 아니다. 물론 그런 경우도 있겠지만, 대부분은 경쟁자가 나타나서 더 좋은 서비스와 더 많은 관심과 배려를

쏟아 부으면서 고객의 필요에 더 열심히 귀 기울이고 고객에게 열심히 구애했기 때문이다. 당신이 결혼(세일즈) 전에 구애했듯이 말이다.

세일즈를 연애에 비유한다면, 결혼한 이후에는 더 이상의 구애를 하지 않아도 된다는 남자들의 생각이 조금은 잘못된 것이라고 말하고 싶다. 더 이상의 구애가 필요 없다면 바람나서 이혼하는 부부는 없어야 될 것이다. 아내에게 언제 사랑한다고 말해야 할지를 고민하는 사람이 있다면 다른 사람이 하기 전에 하는 것이 가장 효과적이라고 말해주고 싶다.

다시 말해 고객에게도 다른 사람이 말하기 전에 내가 먼저 말해야 한다. 그리고 지속적인 관계를 중시하고 이를 표현해야 고객은 나에게서 등 돌리지 않는다는 사실을 명심해야 한다.

나는 지금도 1년에 몇 번은 고객으로부터 자주 연락을 받지 못한 아쉬움을 듣는다. 형식적으로 연락을 하고, 활자체로 된 인쇄물을 전달해주는 획일적인 관계를 맺고 싶지 않아 주기적으로 고객을 방문하는 것으로 대신하고 있지만, 시간이라는 것이 모든 고객을 자주 볼 수 있도록 도와주지 않기에 이것도 쉽지 않다는 것을 경험적으로 잘 알고 있다.

많은 세일즈맨들의 고민 중에 하나가 고객과의 관계를 어떻게 잘 유지하고 사느냐이다. 이러한 서비스 프로그램을 제공하는 업체가 무수히 많이 생겨나고 있는 것도 이러한 고민들을 방증하는 것이라고 할 수 있다. 전설의 세일즈맨이었던 조 지라드가 자필 서명이 들어간 엽

서를 통해 고객과의 관계를 지속적으로 유지했다는 것은 이미 많이 알려져 있는 사실이다.

주로 연락을 취하는 것은 나이고, 고객은 내게 필요에 의한 전화만을 한다. 이는 고객의 상황을 잘 알기 위해서는 자주 연락을 해야 한다는 것을 의미하고, 이것을 게을리하는 순간 고객은 내게 부담이 되는 존재가 됨을 경험하곤 한다. 고객은 내가 만나고 이야기해야 할 상대인데 이를 제대로 하지 못할 때 고객은 존재 가치가 희박해져가고, 그 순간 나의 동선을 이탈한다.

그래서 내게 안부 전화해주는 고객이 참으로 고맙다는 생각을 한다. 세월이 흐르면서 이러한 고객의 수가 늘어가고는 있지만 그래도 아직 대부분의 고객은 내가 연락을 하는 것을 당연하게 생각하고 있는 것 같다.

김춘수 시인의 〈꽃〉이라는 시를 보면, 누군가에게 존재의 의미가 된다는 것은 이름이 불려야 되는 것인데, 이는 세일즈맨과 고객과의 관계에서도 마찬가지일 것이다.

빨래만 하고 그것을 정리하는 습관을 갖지 않을 경우 그 옷을 다시 사용할 수 없게 되어 후회할 수도 있다. 깨끗하게 정리된 옷을 다시 입을 수 있도록 준비하는 것이 세일즈의 마지막임을 인식하는 연습을 한다면 고객으로부터 자연스럽게 먼저 안부를 묻는 말을 듣고 살 수 있는 시간이 빨리 다가올 것이다.

"지금 너는 다른 애들 수만 명과 조금도 다름없는 사내애에 지나지 않아. 그리고 나는 네가 필요 없고, 너는 내가 아쉽지도 않을 거야. 네가 보기엔 나도 다른 수만 마리 여우와 똑같잖아? 그렇지만 네가 나를 길들이면 우리는 서로 아쉬워질 거야. 내게는 네가 세상에서 하나밖에 없는 존재가 될 것이고, 네게도 내가 이 세상에 하나밖에 없는 여우가 될 거야."

— 《어린 왕자》, 생텍쥐페리

2

이 세상에서 가장 매력적인 직업
• 세일즈에는 삶이 담겨 있다

이따금 기회가 찾아오지만 대부분은 몰래 와서 몰래 간다.

2002년 한일 월드컵을 통해 한국 사람들에게 일약 영웅으로 떠오른 거스 히딩크 감독의 자서전 《마이 웨이》를 보면 '축구를 즐기라'는 말이 아주 많이 나온다.

자신의 생계를 위해 일을 하는 사람과, 생계가 아닌 즐기는 일을 하는 과정에서 경제적인 결실을 얻는 사람은 많은 차이가 난다는 것을 일러주는 일화를 보면서, 직업도 그 동일 선상에서 바라봐야 되지 않을까 생각했다.

자신의 일을 즐긴다는 것을 경험하기까지는 많은 시간이 필요하다. 일이 갖는 정확한 속성을 알아야 하고, 일을 통해 배우는 것이 많아야 하며, 일에 대한 비전이 있어야 함은 두 말할 나위도 없다.

나는 세일즈를 좋아한다. 지금도 내가 세일즈를 한다는 것에 너무나 감사하고 살고 있다. 여기에는 많은 의미가 담겨 있다. 우선 일을 통해 나는 경제적인 비전을 볼 수 있었고, 일을 통해 사회를 알 수 있었으며, 일을 통해 지식뿐 아니라 정신적인 성장도 경험하고 있으니, 지금의 나의 직업이 내게는 인생의 스승이라고 할 수 있다.

직업적으로 생명보험을 다루는 사람들 중 전 세계에서 5% 이내에 포함되는 영업 실적을 거두는 사람들의 모임이 있다. MDRT이다. 경제력을 본다면 미국에서 상위 10% 이내에 포함될 수 있을 정도로 안정적인 수입을 확보하고 있으며, 가장 많은 기부를 하는 단체로 정평이 나 있을 정도이다.

내가 이 이야기를 하는 이유는 한국 사회에서 세일즈를 직업으로 가지고 있는 사람들에 대한 편견을 조금이나마 바꿔보고 싶은 생각 때문이다. 세일즈는 자본이 들어가지 않는다. 사무실을 얻고, 직원을 채용하고, 교육하고, 판매 프로그램을 자체적으로 개발할 필요가 없는 직업이다.

통상 사업을 한다고 작정하면 어떤 아이템을 가지고 언제까지 얼마의 자본을 투입해서 어떠한 결과를 내면 손익분기점을 넘길 수 있을 것이라는 마스터 플랜(master plan)을 세우고 사업을 시작한다. 모든 직장인들의 꿈이 사업이라면, 대부분 이 과정을 거친다고 할 수 있다. 그런데 세일즈는 이러한 과정 없이 자신의 두 발과 두 손과 열정으로 모든 것을 얻을 수 있다. 또한 경제적인 비전도 가질 수 있는 직업이다.

그렇다면 그런 세일즈의 세계가 왜 사람들에게 좋은 비전을 주지 못하는 것일까? 개인적인 생각으로는, 이 세일즈 세계에 처음 발을 담았던 사람들이 생계를 위해 어쩔 수 없이 시작하는 경우가 많았기 때문이지 않을까 한다. 사회는 의사, 회계사, 변호사, 변리사, 감정평가사 등 자격증을 가진 사람들을 우위에 둔다. 교수, 정치가 등 사회 지도층이라고 이야기하는 사람들의 부류에 세일즈맨이 들어가지는 않는다는 것을 우리는 잘 알고 있다. 금융 기관에서 신용 대출을 받으려고 해도 세일즈맨은 자신의 1년치 연봉의 반 정도로 수입을 평가받아 신용도 점수를 받는다. 과연 이것이 합리적인 사고일까?

어느 세일즈맨이 정상적으로 대학 교육을 받고 자신의 온 열정을 다하여 일에 매진하여 경제적인 성과를 얻은 후, 자신이 생각하고 있던 자신의 경험을 사회에 환원하기 위한 방법으로 재단법인을 설립하고, 이를 통해 교육받지 못하는 많은 아이들을 위해 장학금을 지원한다면, 이 사람이 단지 세일즈를 한다는 이유만으로 사회적인 냉대를 받아야 할까에 대해서는 진지하게 생각해볼 여지가 있을 것이다.

나는 세일즈맨으로서 이러한 상황을 만들 수 있는 사람들이 많이 나오기를 바란다. 이것은 사회적인 인식의 변화를 가져올 수 있고, 이를 통해 사회에 더 많은 기여를 할 수 있는 선순환의 좋은 본보기가 될 수 있기 때문이다.

가끔 언론에서 세일즈로 성공한 사람들의 성공 스토리를 방송하거나 인터뷰 기사를 게재하는 것을 본다. 수없이 많은 세일즈맨들 중에서 그들이 가장 성공한 모습처럼 보이지만, 실제 세일즈를 업으로 하는 사람들 중에는 그보다 훨씬 더 풍부한 경험을 가지고 있으면서 수면 위에 노출되지 않은 사람들이 많고, 자신의 성공 경험을 후배들을 위해 아낌없이 지원해주는 선배들이 많다는 것을 나는 경험적으로 알고 있다.

세일즈는 인생을 배우는 직업이다. 타인의 인생을 간접 경험하기도 하고, 사람의 심리 변화를 읽기도 하며, 누군가와 비즈니스 관계에서 시작하여 생의 가장 진지한 관계로 발전하는 사례도 수없이 본다.

세일즈는 단순한 장사가 아니다. 그 안에는 철학이 담겨 있고, 이를 통해 자신을 반성하고 성찰하는 계기로 삼으며, 누군가에게 도움이 되기 위해 오늘도 헌신하여 자신을 알리고, 공부하고, 계획 세우는 일을 열심히 하는 직업이다. 단순히 가지고 있는 지식을 반복적으로 사용하는 것이 아닌, 새로운 지식을 수혈해야만 성공할 수 있는 직업이다. 그렇기에 살아남는 사람들은 마땅히 존경받아야 하고, 그 경험을 배워야 한다.

한국 사회에 전문화된 세일즈맨이 등장하기 시작한 1980년대 이후로 많은 시간이 흘렀다. 언젠가는 세일즈가 지식 산업의 근간이 되리라는 것을 확신한다.

나는 정년이 없다. 그래서 은퇴 계획도, 일을 하는 것으로 마무리하고 싶다. 물론 젊은 시절처럼 열정적으로 모든 시간을 할애하지 못하겠지만, 일주일에 4일은 일을 하면서 보내고 싶다. 단순한 생계를 위한 일이 아닌, 가치와 경험을 후대와 공유하는 직업인으로서 일을 하고 싶은 것이다.

훗날 나이가 들어 약 30여 년 동안의 세일즈 경험을 후배들과 공유하고, 직업의 또 다른 세계를 함께할 수 있다면 분명 의미 있는 삶을 살았다고 자부할 수 있을 것이다. 이것이 지금도 내가 세일즈를 하는 이유이다.

사회적인 편견을 없애려면 세일즈맨의 성공 스토리는 더 이상 성공 스토리로 남을 것이 아니라, 평범한 세일즈맨의 일상 스토리로 바뀌어야 한다. 그렇다면 세상의 중심에 설 수 있을 것이라 확신한다.

3
세일즈맨은 오너다
• 세일즈맨 스스로 정체성 찾기

"세일즈와 마케팅 전문가들이 다시 최고경영자의 자리로 돌아올 거라고 예상하는 이유 중 하나는 기업들이 결국은 세일즈가 유일하게 이익을 창출하는 요소라는 사실을 깨달았기 때문이다. 세일즈 이외의 모든 것들은 비용을 유발한다."
- 지그 지글러

내가 있는 회사에서 소비자 재무 관련 학과 학생들의 요청으로 1주일간 소비자 재무설계 관련 연수를 진행했다. 이 과정을 통해 두 시간 정도 대학생들과 이야기할 기회가 생기면서 나의 대학 생활을 돌아보게 된 것은 아주 신선한 추억이었다. 주제는 재무설계와 관련된 것이었지만 그들의 관심은 당장 눈앞에 닥친 취업에 더 많이 쏠려 있었다.

나는 참으로 행운을 얻은 것 같다. 왜냐하면 내가 좋아하는 일을 찾았고, 정년이라는 것 없이 오랫동안 이 일을 할 수 있기 때문이다.

나는 대학에서 전공이 법학이었기에 활기찬 대학 생활이라기보다는 법서를 끼고 사는 것이 일상이었다. 이후 군을 제대하고 다시금 4학년 1학기로 복학했으니 졸업까지 얼마 남지 않은 시간을 취업에 매달려야 했다. 1년여에 걸쳐 항공 회사 파일럿 시험, 언론사 기자 시험 등 여러 곳을 두드리며 열심히 지냈고 마지막에 선택한 것이 대기업 공채 시험이었다. 내 아버지 또한 시골분이시라 명절날 양복 입고 집에 오는 것을 그렇게 부러워하셨다. 이참에 효도 한번 하자는 심정으로 선택한 것이 그 첫 직장이었다.

바쁘게 지내며 회사 잘 다니는 것이 무엇보다 부모님께 안심을 드리는 일이라 몇 년 동안 열심히 직장생활을 했고, 그 사이 아내와 결혼하고 한 가정을 꾸렸다. 그런데 문득 어느 날 이런 생각이 들었다. 내가 나이가 들고 지금처럼 열심히 일한다면 다음은 과장, 그다음은 차장, 거기까지는 무난히 갈 수 있을지 모른다. 그럼 그다음은?

직장생활을 하는 이 땅의 모든 사람들이 시간이 흐르면서 가지는 불안감은 직장에서의 영속성을 스스로 담보하지 못한다는 것과, 언제까지라는 확신을 가지지 못하기 때문에 오는 리스크를 항상 안고 산다는 것이다. 이것을 탈피하기 위해 해야 되는 것은 무엇일까?

직장이 아닌, 종국에는 직업을 선택해야 한다고 생각한다. 물론 직장생활의 좋고 나쁨을 평하기 위함은 아니다. 나름대로의 생각이 모두 있기에 그것을 존중한다고 해도, 결국 오랜 시간 무엇인가 열중할 수 있는 일을 만들려면 한 분야에서 그것이 직업으로 연결될 수 있도록 해야 한다.

시간이 흐르면서 정년이 없는 직업을 선택한 사람들이 더욱 빛을 발하리라 나는 확신한다. 내가 주인이고 단지 대응되는 고객만 있을 뿐이므로 정직하게 직업에 임하고 이를 통해 내가 일한 만큼의 수입을 가질 수 있다면 가장 이상적인 노후를 보낼 수 있을 것이기 때문이다.

현재의 모습에 안주하고 사는 것은 개구리를 미지근한 물에 넣고 조금씩 온도를 높이는 것과 다를 바 없다. 리스크를 감수하고라도 주인의식을 찾고 스스로에게 비전이 있는 일을 찾아서 이를 직업화하는 것이 중요하다. 많은 분야에서 직장인이 아닌 직업인으로 활동하는 사람들이 많고, 계속하여 새로운 분야가 생기는 이 시점에서 한 번쯤은 고민해보아야 할 주제가 아닌가 싶다.

미국은 국토의 양쪽 끝에 대서양과 태평양을 대하고 있는 광활한 국토를 가진 국제적인 강대국이다. 그런데 지금의 미국이 있기까지 그 뒤에는 세일즈맨의 노력이 있었다고 한다. 세일즈는 열심히 일하는 사람에게는 가장 높은 보수를 보장하지만 일하지 않는 사람에게는 가장 낮은 대가가 주어지는 직업이다.

세일즈 세계에 입문하면서 왜 세일즈맨은 전통적으로 사회에서 인정하는 의사, 변호사, 판사, 회계사, 교수 등 '사'자로 끝나는 직업을 가진 사람들보다 항상 낮은 지위로 판단받고 하대를 받는지 이해할 수 없었다. 열심히 일한다면 그들보다 더 나은 보수를 받으면서 더 많은 시간을 가족과 보낼 수 있고, 하고 싶은 공부를 능동적으로 찾아서 할 수도 있으며, 자신의 회사를 운영하는 경영자로 성공할 수 있는데도 불구하고 세일즈맨이 사회적으로 천대시되는 문화를 받아들이기 힘들 때도 많다.

물론 이 모든 것이 세일즈를 하는 사람들에 기인한다고도 말할 수 있다. 세일즈는 이를 천직으로 생각하는 사람들에게는 신나고 보람 있고 도전적인 커리어다. 지그 지글러는 자신의 저서 《클로징(Closing)》에서 미국이 위대한 것은 절대 국토적인 면적 때문도 아니고, 기술적인 면에서 우월성을 가진 것 때문도 아니라고 하였다. 미국을 지구상에서 가장 위대한 땅으로 만든 것은 세일즈맨들이었다고 단언하는 것을 보면서 나는 부럽다는 생각이 너무 많이 들었다.

대한민국에서 세일즈를 한다는 것에 이 정도의 자부심은 아니더라도 세일즈맨 스스로의 역할이나 사회적인 인식은 변해야 한다고 말하고 싶다. 누구보다 열심히 공부하고 쉬지 않고 지식을 습득해야지만 세일즈 세계에서 살아남을 수 있다는 것을 잘 알고 있는 사람들이 세일즈맨이라면, 그들 스스로의 가치를 스스로가 만들어야 한다고 생각한다.

이는 세일즈 분야는, 그 대상이 되는 모든 것들이 시대의 변화와 맞물려 변화하고 있기에 그를 따라가야 되는 숙명을 안고 있다는 것을 의미한다. 그렇기에 이 세상에는 세일즈맨들보다 더 많은 시간을 투자하여 경험하고 배우는 것에 익숙한 사람들이 없다고 단언하고 싶다.

나는 세일즈를 좋아한다. 그래서 세일즈하는 사람들이 사회적으로 인정받고, 그들을 통해 사회에 기여하는 새로운 역할모델을 이 사회가 만들어나가길 원한다. 피터 드러커 교수의 말처럼 지식 산업이 앞으로

닥칠 가장 큰 파도라면, 이 지식을 고객에게 전달하고 그를 통해 직업의 가치를 깨달아가는 세일즈가 분명 머지않은 미래에 새로이 각인될 것이라 믿어 의심치 않는다.

  이를 위해 더 전문화되고 더 많은 것을 준비하는 새로운 전문가들이 속속 등장할 것이다. 이들이 좀 더 좋은 소식을 들고 이 세상 모든 세일즈맨들에게 희망을 노래할 시기를 기대해본다.

4

세일즈 장인匠人의 길
• 우리의 가치는 우리가 만든다

월급봉투로 받는 것 이외에 어떤 행복이나 만족도 얻지 못한다면, 봉투 안에 아무리 많은 돈이 들어 있어도 충분한 보상을 받는 것이라 할 수 없다.

요리에만 장인이 있는 것이 아니다. 대를 잇는 직업이 다양하게 나올 수만 있다면 그 깊이가 결국 경쟁력이 될 것이라고 확신한다.

세일즈맨들은 한편으로는 이타적이라고 말하지만, 그 속내를 들여다보면 지극히 이기적인 면을 잠재적으로 가지고 있다. 자신의 직업이 가치가 있으려면 스스로 그 가치를 만들어가는 것도 중요하나, 결국 그 가치를 만드는 출발점은 고객이었다는 사실을 잊으면 안 된다.

내가 지금 이 자리에서 이러한 생각을 할 수 있는 것도 결국은 나 자신이 잘해서, 잘나서가 아니라 나를 믿고 따라 와준 고객들이 이런 나를 만들어준 것이다. 이를 잊지 않는다면 시간이 흐르며 고객들과 추억을 만들 거리들을 항상 생각하고 살아야 한다.

　대한민국 땅에 참 특이한 현상 중 하나가 음식점은 대를 이어 하는 곳이 많고, 대를 이어 할 정도라면 맛집으로 선정되기에 충분한 질적 우수함을 지녔다는 것이다. 강북의 아주 오래된 뒷골목을 지나다 보면 이대나 삼대에 걸친 전통 있는 음식점을 많이 볼 수 있다. 들어가 식사를 해보면 무언가 다른 맛을 느끼게 되는 경우가 종종 있다. 지저분하지만 오랜 시간 세월의 흔적이 고스란히 느껴지는 가게 분위기와 무언지 알 수 없는 투박하면서도 소박한 인심들, 게다가 오랜 시간 묵히어 온 그곳만의 맛 등. 그 모든 것이 많은 이들을 끌어 모으는 요소가 아닐까 싶다.

　9년의 시간을 앞만 보고 달렸다. 그리 긴 시간이라 할 수 없는데 그 시간보다는 더 많이 경험하고 배우고 실패하고 성공했다. 최근에 꼭 이루어졌으면 하는 꿈이 생겼다. 나에겐 열세 살 된 아들이 하나 있는데, 세일즈를 시작할 무렵 다섯 살배기였던 아이가 내년이면 중학생이 된다. 이 아이는 나의 세일즈 초기부터 내 사무실에 함께 나와 놀고, 내가 소속되어 있는 회사의 행사에 수없이 참석하여 세일즈 세계의 분위기에 많이 동화되어 있다. 물론 나에겐 이 일을 열심히 하게끔 하는 가장 큰 동기 부여자이기도 하다.

　지속적으로 건강관리를 잘하고 열심히 일한다면 한 20~30년 정도는 더 이 일을 할 수 있을 것 같다. 그런데 그 이후에 나보다 나이가 어린 고객들에게 과연 누가 지속적인 서비스를 해줄 것인가를 생각해보면, 방법을 찾아야 한다는 부담을 느낀다. 오랜 시간 관계를 맺고 서비스를 약속했던 그분들께 더 이상 해드릴 것이 없을까?

그렇지 않다. 사실은 그 이상 오랜 시간 서비스를 해드려야만 하는 일이 바로 나의 일이다. 어느 날 운전 중에 문득 그런 생각이 들었다. 지금 열세 살인 내 아이가 나의 뒤를 이어 그들에게 서비스를 할 수 있다면 얼마나 좋을까? 생각만 해도 흥분되는 상상이었다. 물론 아직은 어리니 아이가 성장한 이후 본인의 동의를 받아야 할 일이지만, 20년 후 흰 백발의 나와 그 대를 이어 아들이 함께 고객을 만나는 모습을 상상하면 참 흐뭇하다. 그 모습은 상상 그 자체만으로도 열정을 다시 갖도록 하는 묘한 느낌을 준다.

이것은 나와 인연이 오래된 고객들에 대한 감사의 선물이 될지도 모른다. 다른 사람도 아닌 나의 가족이 대를 이어 고객과 다시 관계를 맺게 되면 고객 입장에서 얼마나 든든할 것인가?

물론 나도 내 아들이 나의 일을 대를 이어 하기를 원한다. 이것이 가능할지는 아무도 모른다. 그러나 이것이 나의 드림 리스트에 있는 한 그 꿈을 놓지 않을 것이다. 왜냐하면 세일즈는 사람을 성장시키는 일이고, 직업이라는 것이 무엇인지 알게 해주며, 경제적으로 충분히 보상받을 가치가 있는 일이라는 것에 나 스스로 동의하고 확신하고 검증하고 있기 때문이다.

가끔 생각한다. 세일즈의 끝은 어떨까? 나 스스로에게 묻곤 한다.

특별한 의미를 두고자 함은 아니지만 최소한 나의 세일즈의 마지막은 이러했으면 좋겠다 하는 바람과 꿈이 있다. 더 이상 세일즈를 하지 않을 순간이 온다면 무엇보다도 하고 싶은 것은, 오랜 시간 날 믿고 응원해준 많은 분들에게 진심 어린 감사를 표하는 것이다. 모든 고객에게 감사의 편지를 쓰고 초대장을 동봉하여 특정한 장소에서 감사를 표하는 자리를 마련하고 싶다. 물론 아주 먼 미래의 이야기라고 생각할 수도 있다.

이것은 고객과 세일즈맨과의 관계가 새로이 정립되는 자리가 될 수도 있을 것이다. 내가 살아 있는 동안 무엇인가 고객에게 해드릴 것이 내게 남아 있다면 이를 수행하도록 용기를 얻는 자리가 될 수도 있을 것이다. 고객을 위하는 자리이면서도 나를 위한 자리가 될 것이다.

또한 그 자리에 참석하는 사람들은 서로서로 아는 사이일 것이다. 왜냐하면 대부분의 고객은 소개와 소개로 만나게 된 분들이기 때문이다.

상상만 해도 즐거운 자리일 것이라고 여겨진다. 과정은 힘들어도, 너무나 많은 사람들로 인해 즐거운 자리로 마감을 할 수 있다는 것은 대단한 축복이다.

세일즈는 한편으로는 어렵고 힘든 직업이다. 그래서 해볼 만한 가치가 있다고들 한다. 하지만 세일즈 이후의 고객과의 관계를 구체적으로 고려하는 세일즈맨을 나는 많이 만나보지 못했다. 이는 세일즈 과정만을 중시하고, 세일즈 이후의 관계에 대한 오랜 시간의 경험을 자신의 것으로 승화시키는 경우가 별로 없기 때문일 것이다. 힘들고 어려운 과정을 이겨낼 수 있는 것은 자신을 바라보고 있는 고객이 많기 때문이다.

　멀리 보고 상상하라. 자신만의 이벤트를 상상하면 즐거움은 배가 된다. 이것이 희망이고 꿈이다. 그 꿈이 깨지지 않고 잘 가꾸어질 수 있도록 해야 하는 것이 바로 오늘 내가 해야 할 일이다.

5

넥타이를 맨 학생들
• 살아 있는 코칭 스쿨

꿈이 없는 사람은 하늘의 구름이 먼저 보이고, 꿈이 있는 사람은 그 너머의 푸른 하늘이 보인다.

오래전부터 나는 내가 몸담고 있는 회사에서 동료와 후배들에게 많은 강의를 한 경험이 있다. 성공한 세일즈맨들은 자신의 지적인 수준을 높이고, 이를 현업에서 활용하기 위한 기술들을 습득하는 데 게을리하지 않음을 우리는 잘 알고 있다. 심지어 한국에서 배우지 못하는 지식을 멀리 해외에서 1년에 한 번씩 배워 오기도 한다.

내가 아는 세일즈는 철저하게 도제 시스템이다. 선배가 후배를 가르쳐주고, 이를 통해 지식을 전수하고, 습관을 형성하게 해준다. 이런 모든 과정을 잘 배운 후배가 경험을 통해 성장하는 과정을 밟아간다. 제약 업종이든, 카 세일즈든, 기타 다른 세일즈 분야에서도 기본적인 지식을 전해주는 집단적인 교육의 과정이 끝나면 선배를 통해 기존의 거래선을 전수받는 방식으로 경험을 쌓아가는 것이 보통이다.

미국 로펌의 경우 변호사 일곱 명이 모여 회의를 하고 결론을 내면 법원에서 충분히 방어를 할 수 있음에도 불구하고, 막 로펌에 들어온 새내기 변호사들이 경험을 쌓을 수 있도록 변호인단을 열다섯 명 정도로 구성한다. 그들은 철저한 도제 시스템으로밖에는 경험을 전달해주지 못한다는 세일즈의 본질을 알고 있는 것이다.

시간을 두고 이 책을 기획한 의도도 결국에는 세일즈맨들이 현직에서 겪는 모든 경험들을 현장에 전해줄 수 있는 기본적인 교육 시스템과 공유 시스템이 없는 한국의 현실에서는 어떤 하나의 회사에서 모든 교육 시스템을 만든다는 것이 한계가 있음을 잘 알고 있기 때문이다.

세일즈맨들을 좀 더 나은 방향으로 이끌 수 있는 것은 현직에서 함께 경험을 공유하고 같은 일을 하고 있는 세일즈맨 이외에는 아무도 없다. 다른 어떤 누구도 그들의 모든 면을 조언해주고 가르쳐주지 못한다.

정신력을 강화시켜준다거나 할 수 있다는 자신감을 길러주는 동기부여 프로그램도 많아지고 있고, 시장에서 새로이 접목되고 있는 판매 방식에 대한 교육 프로그램도 유료로 운영되고 있지만, 이것이 살아 있는 프로그램이 될 수 있느냐 없느냐는 현재 이 프로그램을 적용하게 도와주는 사람이 현직 세일즈맨이냐 아니냐에 달려 있다고 본다. 트레이너가 아무리 좋은 트레이닝을 시켜준다고 하더라도 현장감이 없다거나 세일즈맨이 적용하기에는 너무 고차원적이라면 교육의 효과는 당연히 없을 것이기 때문이다.

나는 미래에 코칭 센터를 세우고 싶다. 거창하고 화려한 건물이 아니더라도, 세일즈맨으로서의 길을 계속 걸으면서 내가 또는 내 동료들이 겪은 세일즈 경험을 체계화하여 이를 현장에 다시 적용할 수 있도록 하고, 스스로 슬럼프가 있었거나 감정의 기복이 심해 조금이라도 위안받고 싶은 세일즈맨들이 있다면 이들에게 자신감을 가질 수 있도록 도와주는 코치이자 도우미가 되고 싶다.

함께 호흡하는 장소에서 지속적으로 업그레이드시킬 수 있는 프로그램을 가지고 현장에서 평가받고 피드백하여 다시 평가받는 코칭 센터야말로 세일즈맨 스스로 만들어가는 그들만의 공유의 장이 될 수 있을 것이라고 확신한다. 차근차근 기획하고 조언을 얻어 작은 걸음으로 시작하고 싶다.

이를 도와줄 많은 사람들이 생긴다면 미래 어느 시점에서는 다시 현장에 이것을 환원할 수 있는 기회가 오기를 진심으로 기원해본다.

6

자유!

- 세일즈맨이 가지는 가장 큰 재산은 자유다

"스스로를 낮추거나 현재 상태에 집착하는 것은 정력의 낭비일 뿐만 아니라, 가장 나쁜 습관이다."

- 데일 카네기

시간으로부터의 자유와 경제적 자유를 가진 직업, 세일즈. 세일즈는 시간을 주도적으로 관리할 줄 알아야만 하는 일이다. 시간과의 타협이 시작되는 순간 나태해지고, 결국 힘든 일을 하지 않으려 하며 모든 습관이 무너지게 된다.

그래서 우리는 시간을 주무를 수 있어야 한다. 그러면 효율이 생기고 시간을 저축할 수 있게 되며, 저축된 시간을 자신과 가족을 위해 쓸 수 있게 된다. 결국 더 많은 시간을 확보하여 자신의 개발을 위해 재투자하고, 정신적인 충전을 위해 가족들에게서 좋은 기운을 얻을 수 있는 계획 또한 주도적으로 가질 수 있게 되는 것이다.

시간의 자유를 가진다는 건 무작정 쉬는 시간을 확보하는 것이 아니다. 스스로 시간을 조절하여 스케줄링하는 능력을 가져야 하는 것이다.

경제적인 자유는 앞서 말한 바와 같이 매출과 수입을 스스로 정하고, 이를 달성했을 때 느끼는 성취감을 쌓아가면서 그 목표를 상향 조정하여 더 이상 금전적인 어려움 없이 자신이 하고자 하는 일을 할 수 있게 됨을 의미한다. 이는 세일즈의 세계에서나 가능한 일이다. 왜냐하면 자신이 일한 만큼의 대가를 보장받을 수 있는 자리는 세일즈 이외에는 그리 많지 않기 때문이다.

여기에 하나 덧붙이고 싶은 것이 있다. 바로 '무엇이든 할 수 있는 자유가 있다'라고 말이다. 사람의 삶이 능동적이 된다는 것은 더 이상 누구에겐가 자신의 삶이 예속되지 않음을 의미한다. 이것은 삶을 계획하고 개척하는 주체가 바로 자신이라는 뜻이며, 이를 발전시키는 과정에서 필연적으로 따르게 되는 모든 교육 과정 또한 자신의 필요에 의해 주도적으로 이수하게 된다는 의미다.

누가 시켜서 하는 교육도 아니요, 누가 시켜서 하는 목표 달성 또한 더더욱 아니다. 자신의 요구에 의해, 자신의 성취감을 고취시키기 위해 스스로 계획하고 실행하는 모든 것들에서 스스로의 주체의식을 갖게 된다.

지금 글을 쓰고 있는 내 모습을 몇 년 전에는 상상하지 못했다. 하지만 이것을 할 수 있는 것 또한 자아의 발견 과정 중 하나일 것이라고 생각한다.

돈이 없어 배우고 싶은 것을 하지 못하는 상황을 만들지 않기 위해 열심히 일해서 돈을 벌고, 부족한 지식을 메우기 위해 열심히 공부하는 과정에서 자신의 비전을 가꿔가는 것은 참 매력적인 일인 것 같다.

이 세상에 정해져 있는 비전은 없다. 또한 자신의 비전을 다른 누군가가 준다는 것도 잘못된 인식이다. 자신의 비전은 자신이 만들어나가는 것이고, 이를 위해 노력하는 모습에서 무엇이든 할 수 있다는 또 다른 자신감을 갖게 된다. 그래서 세일즈를 하는 지금의 나 자신이 좋다. 세일즈를 하게 되지 않았다면 현재의 모습도 없었을 것이고, 세상이 만들어놓은 틀 속에 머무르며 나 자신의 한계를 모르고 살았을 것이다.

시간을 벌어 또 하나의 비전을 만들기 위해 재투자하고, 열심히 일을 하여 모자란 경제적인 부분을 채우면서, 일정한 기간이 지나면 무엇을 하고 또 시간이 지나면 무엇을 하고, 가족과는 어떤 인생을 살지에 대한 진지한 고민을 할 수 있는 기회를 가진다는 것은 대단히 멋진 일이다. 이 또한 세일즈를 통해 배운 것이며, 이 세일즈가 나의 인생을 무엇이든 할 수 있도록 만든 것이다.

세상에는 아직 할 일들이 많다. 그리고 내가 계획하고 있는 일들이 이루어질 때까지 열심히 세일즈를 할 것이다. 그를 통해서 계획하고 있는 모든 일들이 이루어진다면, 결국 나의 비전을 스스로 이룬 것에 대견해할 것이고, 이것들이 모두 사회에 환원될 수 있도록 만든다면 다음 세대에 좀 더 많은 사람들이 스스로의 가치와 자신의 비전을 펼치는 데 분명 도움이 될 것이라 생각한다.

돈을 벌 수 있는 자유, 공부할 수 있는 자유, 생각할 수 있는 자유, 사람들에게 도움이 될 무엇인가를 만들 수 있는 자유, 무엇이든 사업을 할 때 필요한 모든 것을 배울 수 있는 자유를 가지고 있는 직업은 그리 많지 않으며 세일즈맨은 이를 모두 이룰 수 있는 기본 바탕을 가지고 있다는 점에서 직업 자체에 의미를 가졌으면 좋겠다.

그리고 세상에 의미 있는 사람으로 남을 자유까지 가지고 있다면, 당신은 인생을 성공적으로 살았다고 자부해도 좋을 것이다.

나도 그런 사람이 되고 싶다.

맺음말

세일즈라는 분야는 아주 광범위하고 그 아이템이 무수히 많다.

이 책의 출간을 처음 제안받으면서 고민한 것은 생명보험 영업을 한 저자들의 생각이 다른 아이템을 판매하는 분야에도 과연 통용되고 적용될 수 있을 것인가에 대한 의심이었다. 그렇기에 생명보험의 영역에 국한된 이야기로 책을 집필할 생각도 하였다.

하지만 여러 자료를 찾고 나름대로의 경험과 그간 많은 강의를 들으면서 차곡차곡 쌓인 지식들의 대부분은 생명보험과는 거리가 먼 세일즈 일반론적인 것이 더 많았다.

한국의 서점에서 세일즈 관련된 서적을 찾아보면, 세일즈의 달인들이 어떻게 성공하게 되었는지에 대해 쓴 자전적인 이야기들이 대부분이고, 그를 통해 본인들처럼 누구나 될 수 있으니 도전해보라는 이야기가 천편일률적으로 나온다.

또한 해외에서 유명한 세일즈 고수들의 이야기는 일부분 현실감이 떨어지고 한국의 실정에는 맞지 않은 내용들이어서 이를 전체적인 세일즈 교재로 삼기에는 부족한 부분이 많다는 것을 발견하였다. 궁극적으로 세일즈는 철학과 심리학에 기반을 두고 있다는 것을 깨닫게 되기까지 많은 시간이 걸린다는 것도 알게 되었다.

그렇기에 세일즈 서적으로서 인정받고 오래도록 읽히는 책은 그 근간에 사람에 대한 관심과 심리적인 변화를 세심하게 관찰하고 자신의 심리 상태를 수시로 체크할 수 있는 내용과, 공감이 존재한다는 것을 알 수 있었다.

또한 세일즈맨은 항상 자신이 하는 일에 대한 본질적인 정체성의 확립을 수시로 재설정하는 과정을 밟도록 일이 그렇게 요구하는 것 같다. 이 과정에서 많은 사람들이 포기하고, 다른 아이템을 찾고, 새로운 비즈니스 모델을 찾아가기도 한다.

책을 쓰면서 가장 많이 배우는 사람은 이 글을 읽는 사람보다 글을 쓴 저자라는 사실이 흥미롭다. 왜냐하면 글을 쓰면서 생각이 정리되고, 그 정리된 생각을 다시금 현실에 적용하려는 노력을 하기 때문이다.

세상은 다양한 능력의 소유자를 원한다. 그렇다면 세일즈란 직업은 과연 세상이 요구하는 다재다능한 사람을 만들어줄 수 있는가?

대답은 '그렇다'이다. 사람을 상대로 사람 냄새를 지근 거리에서 맡고 살 수 있기 때문에 그를 통해 다양한 경험과 그 경험을 토대로 새로이 배우는 분야를 확장시킬 수 있기 때문이다.

이 책은 세일즈 일반론을 경험과 사례를 들어 설명하고 있다. 약간은 에세이적인 내용도 포함되어 있지만 대부분은 경험을 토대로 한 일반적인 원칙을 서술하려 했으며, 좀 더 쉽게 풀어내고 있는 책이다. 깊이 생각해보아야 할 문구도 있고, 그 문구를 통해 자신의 세일즈 인생을 다시 재정립할 수 있도록 도움을 드리고 싶었다.

세일즈를 직업으로 삼고 있는 세일즈맨들이 읽어도 좋을 듯싶고, '직업'과 '직장'의 구분에서 고민하는 이 시대의 많은 젊은이들에게 좋은 비전이 될 수도 있을 것이라고 생각한다.

생각의 깊이와 경험은 시간이 흐르면서 더 많은 것을 내게 줄 것이라고 확신한다. 항상 정체되지 아니하고 물 흐르듯 경험도 흘러 앞으로 좀 더 많은, 좀 더 다른 방식으로 독자들에게 또 하나의 선물을 드릴 수 있기를 기대하며, 이 책을 통해 많은 이들의 세일즈에 조금이나마 도움이 되기를 기원해본다.

반하게 하라

2판 1쇄 인쇄 2009년 1월 5일
2판 1쇄 발행 2009년 1월 12일

지은이 문상진 서범석
펴낸이 이범상
펴낸곳 해빗·(주)비전비엔피

기획 편집 서진 박창석 박승범 윤수진
영업 관리 박석형 한상철 김재훈
디자인 정정은 김혜련
교정 김정연
외주 디자인 류승인

주소 121-865 서울시 마포구 서교동 377-26번지 1층
전화 02)338-2430 | **팩스** 02)338-2413
이메일 visionbp@hanmail.net
블로그 http://blog.naver.com/visioncorea

등록번호 제313-2008-168호

ISBN 978-89-961824-1-2   03320

· 값은 뒤표지에 있습니다.
· 잘못된 책은 구입하신 서점에서 바꿔드립니다.